¿SE ACABARÁ EL MUNDO EN EL

2012?

DR. RAYMOND C. HUNDLEY

GRUPO NELSON
Una división de Thomas Nelson Publishers
Desde 1798

NASHVILLE   DALLAS   MÉXICO DF.   RÍO DE JANEIRO

Traducción: *Belmonte Traductores*

Adaptación del diseño al español: *Grupo Nivel Uno, Inc.*

ISBN: 978-1-60255-423-8

Impreso en Estados Unidos de América

10 11 12 13 14 HCI 9 8 7 6 5 4 3 2 1

DEDICACIÓN

Este libro está dedicado a mi esposa, Sharyn, que ha
permanecido a mi lado durante cuarenta años en los
tiempos estupendos y en los tiempos difíciles. Sin su
constante aliento y excelentes capacidades de edición,
este libro no existiría.

ÍNDICE

INTRODUCCIÓN

«El año 2012 tiene sobre sí la marca del destino».

—Lawrence E. Joseph

LAS PREDICCIONES SOBRE EL FIN DEL MUNDO HAN CAPTADO LA
atención y han avivado los temores de generaciones a lo largo de
los siglos. Una página web citaba 149 diferentes predicciones del
Apocalipsis entre el año 44 d.C. y 2008.[1] Las predicciones provienen de teólogos judíos, gurús hindúes, entusiastas de la Nueva
Era, científicos, Edgar Cayce, David Koresh, Testigos de Jehová y
teólogos cristianos. La humanidad está fascinada con la idea de
que el mundo material pudiera dejar de existir algún día y que

toda la vida sobre el planeta pudiera extinguirse, especialmente si las predicciones más catastróficas afirman que el fin se acerca. Hasta se puede ver a Homer Simpson llevando un cartel de «¡El fin se acerca!». El escritor del editorial del *Boston Globe*, James Carroll, se lamentaba: «Solía suceder que las advertencias apocalípticas sobre la cercanía del final del tiempo provenían de locos religiosos sosteniendo carteles. Ahora provienen de radicales científicos».[2] Muchos de nosotros parecemos tener una «adicción a la predicción» que habla a nuestros temores más profundos y nos atrae a las profecías más catastróficas como una polilla es atraída a la llama de una vela. La gente habitualmente acude a predicciones futuristas cuando su situación actual se vuelve insoportable o intolerable.[3] El aumento y el descenso del interés en las predicciones del fin del mundo parecen seguir el mismo aumento y descenso de estreses, peligros y exasperación por las condiciones actuales de la vida humana. Actualmente, quizá como nunca antes, la humanidad se enfrenta a un aluvión de problemas que parecen casi insuperables, y aumentan de modo alarmante cada día. Algunos de esos estreses son: la explosión de población, la crisis del petróleo, la extinción de especies, epidemias globales, la proliferación de armas nucleares, la pobreza, la injusticia, la falta de recursos médicos, peligrosos cambios climáticos que aumentan el número y la gravedad de huracanes y tsunamis, importantes alteraciones económicas, el calentamiento global, la reducción de la capa de ozono, y la violencia de continuas guerras y del terrorismo.[4] Vivimos en un mundo estresante y peligroso que podría implosionar en cualquier momento.

En nuestra generación, una nueva ola de profecías sobre el fin del mundo se extiende por la Internet, documentales de televisión, libros y películas. Por ejemplo, en su libro, *The Bible Code* [El código de la Biblia], Michael Drosnin predijo claramente el fin del mundo en el año 2012. El código de Drosnin se basa principalmente en el trabajo de tres matemáticos israelíes (Witztum, Rosen y Dips) en su erudito artículo titulado «Equidistant Letter Sequences in the Book of Genesis» [Secuencias equidistantes en las letras en el libro de Génesis], que apareció en la revista *Statistical Science* en 1994.[5] Aplicando un programa de computadora creado por primera vez por expertos en descifrado de códigos que escoge letras hebreas como si fuesen palabras en un crucigrama, Drosnin supuestamente ha descubierto increíbles predicciones en el texto bíblico hebreo que hablan de la Segunda Guerra Mundial, el asesinato de los Kennedy, el escándalo Watergate, el bombardeo de la ciudad de Oklahoma, y muchos otros eventos que estaban muy lejos en el futuro cuando se escribió el texto hebreo.[6] Aunque él «insiste en que él no cree en Dios», Drosnin sí cree firmemente que un código numérico incrustado en el texto escritural hebreo ha sido puesto allí por «alguien» para ayudarnos a ver el futuro.[7] Drosnin cree que el código de la Biblia fue puesto en el Antiguo Testamento por extraterrestres que aterrizaron en las costas del Mar Muerto hace seis mil años.[8]

Con respecto al movimiento catastrofista de 2012, Drosnin dijo: «El año 2012 también aparece con "cometa" en Deuteronomio 1.4. "Aniquilación de la tierra" aparece justamente antes en Éxodo 34.10. Pero, con 2012, también en el texto oculto de Deuteronomio 1.4 están las palabras "será derrumbado. Se romperá en pedazos".[9] Drosnin está convencido de que el código oculto tras Deuteronomio 1.4 predice el fin del mundo en el año 2012.

Drosnin ha sido criticado por la naturaleza arbitraria de sus métodos. De hecho, el profesor de matemáticas australiano Brendan McKay ha desacreditado el código de la Biblia de Drosnin aplicando su software al libro *Moby Dick* y encontrando seis asesinatos, ¡y hasta la muerte del mismo Drosnin en él![10] Peor aún, dos de las predicciones de Drosnin de 1997 —una guerra mundial en 2000 o 2006, y un cometa que colisionaría con la tierra en 2006— eran obviamente falsas.[11]

Otros, como el latinoamericano José Argüelles, adoptan un enfoque más místico. En su obra, *The Mayan Factor* [El factor maya], Argüelles fijó la fecha del fin del orden mundial actual en el 21 de diciembre de 2012, basándose en el final del calendario maya y en «la convergencia armónica» de 2012,[12] en la cual el sol, la luna y seis planetas se alinearán y causarán una gran destrucción en la tierra. Argüelles y otros han promovido varias conferencias internacionales sobre las profecías catastróficas de 2012 desde el año 1987, tratando de llevar a la humanidad a una posición de paz, amor y armonía que pudiera evitar que se produjeran las duras realidades en la próxima transición a un nuevo orden mundial en 2012.[13] El experto apocalíptico cristiano, Mark Hitchcock, ve el fenómeno de 2012 como «la escatología del movimiento de la Nueva Era. Es la perspectiva que ellos tienen sobre cómo terminará este mundo o cómo comenzará una nueva era de conciencia humana».[14]

Los hermanos Terence y Dennis McKenna utilizaron un meticuloso enfoque matemático para calcular las predicciones catastróficas de 2012 del *I Ching* en su obra *The Invisible Landscape: Mind, Hallucinogens, and I Ching* [El paisaje invisible: mente, alucinógenos, y I Ching]. El prolífico escritor John Major Jenkins ha publicado una serie de libros sobre el evento de 2012, entre los que se incluyen *Tzolkin, Maya Cosmogenesis 2012* [La cosmogénesis maya de 2012], *Galactic Alignment* [Alineamiento galáctico], y *Pyramid of Fire* [La pirámide de fuego]. Una de las obras más completas sobre las profecías catastróficas de 2012 es *Apocalypse 2012: A Scientific Investigation into Civilization's End* [Apocalipsis 2012: una investigación científica del fin de la civilización], por Lawrence E. Joseph. Y, finalmente, el libro que popularmente tiene el mérito del comienzo del movimiento catastrofista de 2012 es el de Daniel Pinchbeck, *2012: The Return of the Quetzalcoatl* [2012: El retorno de Quetzalcóatl], publicado en 2006. Hasta hemos visto la publicación de una obra bastante sarcástica pero a la vez práctica de Synthia y Colin

Andrews titulada *The Complete Idiot's Guide to 2012* [Guía completa sobre 2012 para tontos], publicada en 2008.

Una encuesta de la *ABC News* en 2008 preguntó a más de 250 000 participantes si esperaban que tuvieran lugar eventos apocalípticos en 2012. El dieciséis por ciento de quienes respondieron dijeron que sí. Al preguntarles si creían que el apocalipsis vendría por acciones humanas o por intervención divina, el sesenta y siete por ciento respondió «acción humana». Patrick Geryl, ex trabajador de laboratorio que vive en Bélgica, dijo a *ABC News*: «Tienen que entender que no quedará nada. Tendremos que comenzar desde cero una civilización entera».[15] Geryl dejó su empleo después de haber ahorrado suficiente dinero para cubrir sus necesidades hasta diciembre de 2012, y ahora está acumulando provisiones de supervivencia como preparación para el apocalipsis. Es interesante que Geryl basara gran parte de su certeza sobre una catástrofe en 2012 en su creencia en que la posición de las estrellas cuando se hundió el Atlantis se repetirá exactamente en 2012.[16]

Una persona joven escribió lo siguiente a una página web hablando de las predicciones catastróficas de 2012:

Déjeme comenzar diciendo que tengo extrema ansiedad y ataques de pánico todo el día, ataques de pánico que duran alrededor de 12 horas. Me preocupo mucho. Leo mucho, y la discusión sobre 2012 es lo que más me asusta de todo. Tengo 21 años de edad. No tengo miedo a la muerte, pero sin embargo me preocupa morir demasiado joven. Tendré 25 años en 2012. Tampoco soy un hombre religioso, ni creo en las personas que predicen el futuro o en fechas que predicen catástrofes. Veo a muchas personas hablar de 2012, y que lo más probable es que estemos condenados, y eso me asusta.[17]

Muchas personas tienen un sentimiento de temor parecido a medida que se acerca el año 2012.

El evento que recientemente suscitó un gran interés en el movimiento catastrofista de 2012 fue el estreno de la película de Roland Emmerich, *2012*. Una amplia campaña publicitaria por parte de Sony Corporation ha creado una creciente fascinación por esta gráfica película sobre el fin del mundo. Sony hasta creó una página web falsa llamada «The Institute for Human Continuity» [Instituto para la Continuidad Humana] (IHC).[18] El IHC confirmó que tras más de dos décadas de rigurosa investigación de los principales astrónomos, matemáticos, geólogos, físicos, antropólogos, ingenieros, futuristas del mundo... sabemos que en 2012 una serie de fuerzas cataclísmicas hará estragos en nuestro planeta. El IHC ha desarrollado varias iniciativas para preparar al mundo para esta inevitabilidad».

Una de esas iniciativas es la supuesta construcción de ciudades subterráneas en todo el mundo que pueden aguantar la devastación de 2012, y la otra es la preparación para viajar a colonias en el espacio exterior para los supervivientes de la destrucción de 2012. El IHC también ha establecido un sistema para distribuir tickets de lotería por todo el mundo a fin de que «cada individuo tenga igual oportunidad en 2012». Yo me registré en esa página web para ver lo que sucedería, y recibí mi certificado de «número de lotería único», que me hará «tener derecho» a ser escogido para ser incluido en las ciudades subterráneas o en las colonizaciones del espacio exterior.

La película *2012* comienza con un descubrimiento en India de que inmensas llamaradas solares están comenzando a afectar el núcleo del planeta. El sol entra en erupción, enviando un nuevo tipo de partículas nucleares que bombardean el planeta y cambian el núcleo líquido de la tierra. Cuando Jackson Curtis (representado por John Cusack) y sus hijos se van de vacaciones al parque Yellowstone, pequeños temblores comienzan a abrir fisuras alrededor de ellos. Curiosamente, ellos pasan al lado de un hombre en la calle que sostiene un cartel que dice: «Arrepiéntete, el fin se acerca».

Cuando llegan a Yellowstone descubren que el ejército ha puesto vallas para mantener a la gente alejada de la zona. Militares, que afirman que el parque Yellowstone se ha vuelto inestable, los escoltan hacia «la seguridad». Ellos conocen a Charlie Frost (representado por Woody Harrelson), un viejo loco que le dice a Curtis que Yellowstone pronto se convertirá en «el volcán activo más grande del mundo». Frost a la ligera enumera las diversas profecías del fin del mundo en la religión hopi, el *I Ching*, el calendario maya, y la Biblia. Le dice a Curtis que los mayas predijeron una fecha de expiración para la tierra, y que eso se está haciendo realidad. Frost afirma que los gobiernos del mundo saben todo acerca de eso y que han estado planeando salvar a un grupo selecto de personas de la catástrofe.

Curtis y sus hijos regresan a su casa, a la esposa que está separada de él, Kate, y su novio, Gordon. La escena cambia y comienza la drástica destrucción. Se producen terremotos en todo el mundo. Los polos magnéticos comienzan a variar, afectando al núcleo de la tierra y también a su corteza. El doctor Helmsley, un científico del gobierno, advierte al presidente de Estados Unidos de los inminentes desastres, quien recomienza una evacuación inmediata.

Curtis, Kate, sus dos hijos, y Gordon comienzan una frenética carrera para escapar del desastre. Contratan un avión y se alejan de la destrucción en California, con Gordon como renuente piloto. La destrucción y el caos les siguen muy de cerca.

La acción regresa a Charlie Frost en Yellowstone, donde él está de pie cerca del supervolcán que está a punto de hacer erupción, emitiendo en su radio portátil a cualquiera que le escuche. En cierto punto, dice: «Sólo puedo esperar que todos ustedes hayan hecho las paces con Dios». El volcán entra en erupción como una bomba atómica y Charlie se quema vivo. La nube de ceniza del volcán de Yellowstone comienza a extenderse por todo el país.

Los terremotos hacen estragos en Sudamérica. El presidente de Estados Unidos se niega a abandonar Washington en el Air Force One y muere cuando destructores de la Marina son empujados contra la ciudad por olas monstruosas. Curtis y su familia acompañan a un ruso rico en su gran avión a China para abordar los barcos. Mientras vuelan hacia China, aparecen escenas de la destrucción de la tierra. Hawái está cubierta de lava ardiente de los volcanes en erupción. Los terremotos destruyen Washington. En Italia, el Vaticano se desploma bajo la potencia de los terremotos. Tsunamis producidos por erupciones y terremotos submarinos envían olas gigantescas que golpean ciudades y montañas. Todas las comunicaciones por tierra cesan.

Los botes de rescate no son transbordadores espaciales, sino siete «arcas» construidas en China y financiadas por varios países del mundo para llevar a miles de personas meticulosamente escogidas —muchos «elegidos» por su capacidad de pagar— a la seguridad en medio de las inundaciones. El doctor Helmsley se queja de que están dejando morir a miles de personas fuera de las arcas que cabrían a bordo sin problema. Anheiser, el egoísta político que está al mando, dice que aceptarlos a bordo podría poner en peligro su plan de comenzar una nueva civilización humana después de que termine la devastación. Helmsley finalmente convence a los jefes de estado para que abran las puertas de las arcas y permitan entrar a las personas atrapadas fuera. La cámara cambia al Himalaya, donde un monje budista y el templo donde vive son arrasados por una ola gigante. Cuando parten las arcas, el capitán recibe noticias de que África no ha sido inundada, así que se dirigen a África para comenzar una nueva civilización.

Está claro que la familia Curtis es presentada como un microcosmos de lo que les está sucediendo a todas las personas que son rescatadas. Se unen como familia y olvidan todas sus diferencias anteriores. Cuando termina la película, una gran multitud de personas de toda creencia, raza, y todos los grupos de edad está junta, preparándose para comenzar un mundo mejor.

El último cuadro de la película dice: «Día 27, mes 1, año 0001».

Cuando mi esposa y yo salimos del cine, le pregunté a una pareja mayor si pensaban que lo que habían visto iba a suceder realmente. Ellos respondieron: «Sí, sin duda que sucederá algún día». Cuando pregunté si pensaban que sucedería en 2012, ellos dijeron: «No». Después hice a un grupo de cuatro adolescentes las dos mismas preguntas. «¿Sucederá algún día lo que acaban de ver?». Los cuatro respondieron: «Sí sucederá».

«¿Sucederá en 2012?».

El muchacho adolescente respondió con un fuerte «No», pero las tres muchachas, con ojos tan grandes como platos respondieron: «Sí sucederá».

El mensaje de la película parece ser que un desastre mundial podría reunir a todos los supervivientes como si fueran una gran familia. Nacionalidad, religión, edad y diferencias étnicas serían olvidadas en la lucha por sobrevivir. Emmerich pinta un nuevo mundo en el cual las personas se ayudarán unas a otras y cooperarán para el bien común. Ese tipo de utopía ha sido soñada por muchos líderes en la historia, desde Karl Marx hasta Mao Tse Tung, pero nunca se ha cumplido. Sería irónico si un desastre global demostrara ser la única manera de convencer a las personas de vivir juntas en armonía, paz y unidad.

Tristemente, la visión de Emmerich probablemente sea demasiado idealista para convertirse en realidad. Al final, la mayoría de las personas probablemente reaccionaría ante el peligro inminente pisoteándose los unos a los otros si eso los acercase a ser rescatados. La naturaleza humana no parece ser tan inherentemente amorosa, sacrificada y altruista como a Emmerich le gustaría que creyéramos. El escritor cristiano Mark Hitchcock dijo:

Las crisis horribles... pueden unir a las personas por un tiempo y hacer que reflexionen de maneras en que no lo han hecho antes, pero no es necesario mucho tiempo para que la inhumanidad del hombre comience a salir de nuevo a la superficie. El hombre no puede dar entrada a su propia utopía mediante algún cambio en la conciencia. John Lennon cantó acerca de personas viviendo en paz; sin embargo, los Beatles ni siquiera podían llevarse bien entre ellos.[19]

Quizá un verdadero desastre apocalíptico cambiaría todo eso. Quizá no.

De todas las experiencias que la película provoca en los espectadores, la triste declaración del doctor Helmsley parece resonar en las mentes de muchas personas que ven la película: «Yo pensaba que tendríamos más tiempo». Quienes vivimos los años sesenta recordaremos sin duda la canción de Larry Norman de 1969: «Me gustaría que todos hubiéramos estado preparados»:

> *La vida estaba llena de pistolas y guerra,*
> *Y todos fuimos pisoteados,*
> *Me gustaría que todos hubiéramos estado preparados*
> *Niños murieron, los días se volvieron fríos*
> *Un pedazo de pan podía comprar una bolsa de oro,*
> *Me gustaría que todos hubiéramos estado preparados.*[20]

¡Estar preparados! Quizá eso sea lo que todas las profecías a lo largo de las edades han intentado decirnos: estén preparados. ¿Pero cómo?

¿Cómo podemos prepararnos para un evento tan devastador?

¿Podemos confiar en que echaremos una mano a los débiles y los vulnerables, o deberíamos aislarnos en búnkeres y refugios subterráneos sin espacio para extraños?

¿Hay algún modo de evitar esa calamidad?

Como dijo el escritor cristiano Lloyd Hildebrand: «Si el cumplimiento de ciertos eventos proféticos es inminente, como creen muchas culturas y religiones, es crucial que usted se prepare, al menos espiritualmente, para todo lo que pueda llegar».[21]

En esta obra, veremos las predicciones del fin del mundo que hay detrás de este movimiento global de 2012 en un intento por evaluar su validez, sus bases científicas, y su significado para nosotros en la actualidad. Sin duda, nuestra fe en Dios jugará un papel decisivo en el modo en que respondamos a esta posibilidad de una devastación global y al fin del mundo. Diez argumentos básicos para una creencia en un desastre inminente han estado circulando en libros, películas y la Internet .

1. El factor maya. Las profecías mayas del fin de esta era provienen del abrupto final del calendario maya. El calendario da una fecha de comienzo y una fecha del final del tiempo de la humanidad sobre la tierra; muchos expertos en la cultura maya ven esto como una clara predicción del fin del mundo.

2. Tormentas solares. Reputados científicos han predicho inmensas tormentas solares en 2012. Muchos creen que podrían causar una reacción en cadena de desastres globales.

3. El CERN (Laboratorio Europeo de Física de Partículas) y el Large Hadron Collider (Gran Colisionador de Hadrones). Experimentos que actualmente se llevan a cabo con el Gran Colisionador de Hadrones (LHC) cerca

de Ginebra se arriesgan a producir partículas similares a agujeros negros que podrían de forma concebible moverse por el planeta y destruirlo.

4. Las predicciones de Nostradamus. Seguidores de Nostradamus desvelaron un nuevo libro de acuarelas del famoso profeta francés que ellos creen que indican el fin del mundo el 21 de diciembre de 2012.

5. La próxima inversión de los polos Norte/Sur magnéticos. Las llamaradas solares predichas para 2012 podrían causar una inversión de los polos magnéticos Norte/Sur, produciendo destrucción y caos.

6. Colisión con el «planeta X». Algunas personas están prediciendo que habrá una colisión entre la tierra y el planeta X en 2012 que causará estragos en nuestro planeta.

7. Alineación de la tierra con el plano galáctico. La alineación galáctica de la tierra, el sol, y varios planetas el día 21 de diciembre de 2012, según muchos, producirá inmensas influencias gravitacionales en la tierra, las cuales hasta podrían desviar al planeta de su eje.

8. Erupción del supervolcán. Competentes volcanólogos han identificado la amenaza de una erupción del supervolcán que está bajo la enorme olla a presión en el parque nacional Yellowstone en los Estados Unidos. Algunos creen que la tormenta solar de 2012 puede causar que el núcleo de la tierra aumente de temperatura, haciendo

que volcanes como el que está en Yellowstone entren en erupción casi simultáneamente.

9. El proyecto Web Bot. Dos expertos han afirmado que su estudio de las tendencias futuristas reveladas mediante las comunicaciones por la Internet indica un importante cataclismo en 2012.

10. Predicciones religiosas del fin del mundo. Finalmente, muchas religiones mundiales presentan horribles profecías descriptivas del fin del mundo. Algunas hasta identifican el día 21 de diciembre de 2012 como la fecha del próximo holocausto.

Hemos dedicado un capítulo a cada una de esas predicciones de próxima calamidad y hemos considerado objetivamente su caso y lo seriamente que deberían tomarse. Yo soy cristiano. He sido pastor, misionero, y profesor de seminario. Pero también he sido escritor, profesor universitario y conferencista. No descarté ninguna de esas predicciones meramente debido a mis perspectivas cristianas. He hecho todo intento de dejar que hablen por sí mismas y presenten los argumentos más convincentes posibles para sus puntos de vista. Estoy profundamente comprometido a entender su enfoque, sus metas, sus métodos y su argumentación, sin juzgarlas con prejuicios.

He incluido los pensamientos de líderes cristianos junto con la multitud de otras fuentes que he citado en el libro, pero no les di un trato preferencial. También analicé lo que ellos tenían que decir. Espero que tanto cristianos como no cristianos encuentren en este libro un análisis cuidadoso, bien documentado y equitativo del fenómeno 2012 y tomen sus propias decisiones sobre el efecto que tiene en sus vidas.

Después echamos un vistazo a las preguntas «esté preparado», dando algunas sugerencias para la preparación para este evento si se produce en 2012. El pánico a 2012 puede causar que muchas personas reevalúen su vida y se hagan las preguntas importantes de la vida:

¿Qué me sucederá cuando muera?

¿Cómo puedo vivir sin mi temor al fin del mundo?

¿Hay alguna esperanza fundamental que pueda ayudarme a atravesar esa horrible devastación?

Las respuestas a esas preguntas puede que finalmente sean el resultado más constructivo del movimiento catastrofista de 2012 para todos nosotros. Creo firmemente que hay respuestas positivas y útiles que todos deberíamos considerar. Finalmente, dirigí el epílogo especialmente a cristianos en un intento de extraer para ellos algunas de las implicaciones del movimiento 2012, alentándolos a permitir que el fenómeno 2012 los desafíe a una vida cristiana más abundante, más fuerte y más franca. Aquí estoy caminando en una cuerda floja, pero a la vez disfrutando del equilibrio, y creo que será de beneficio para no cristianos y cristianos por igual.

CAPÍTULO UNO

EL FACTOR MAYA

«En ese día, el polvo posee la tierra,

En ese día, la desertización está sobre la faz de la tierra,

En ese día, se eleva una nube,

En ese día, se levanta una montaña,

En ese día, un hombre fuerte agarra la tierra,

En ese día, las cosas se derrumban,

En ese día, la tierna hoja es destruida,

En ese día, los ojos moribundos son cerrados,

En ese día, tres señales hay sobre el árbol,

En ese día, tres generaciones están ahí,

En ese día, se iza la bandera de batalla,

Y ellos son dispersos lejos en los bosques».

—Profecía del sacerdote maya Chilam Balam, siglo XVI

Cuando Manuel alcanzó los catorce años de edad, su padre, Don Miguel, le dijo que era momento de que aprendiera sobre su herencia como maya. Por primera vez, a Manuel se le permitió leer los increíbles documentos mayas que les habían sido transmitidos de generación a generación. Manuel se sorprendió al leer que los dioses habían hecho cuatro intentos en la creación del hombre. Los tres primeros fracasaron. Él estaba especialmente interesado en los muchos calendarios que los mayas habían producido. Un calendario era para breves períodos de tiempo, otro para ceremonias religiosas, y había un calendario especial para largos periodos de tiempo.

Manuel pronto aprendió el sistema numérico maya, basado en unidades de veinte, y un calendario lunar. Le sorprendió que los mayas hubieran establecido la fecha de la creación, y quedó perplejo cuando entendió que el calendario tuviera también una fecha para el fin. «Papi, ¿qué significa esa última fecha?».

Su padre miró de modo muy solemne y respondió: «Hijo, nuestros ancestros eran estupendos astrónomos. Estudiaban el movimiento de las estrellas y los planetas, especialmente de Venus. Eran tan buenos en eso que podían predecir eclipses y cambios atmosféricos. Tus antepasados miraban hacia el futuro y vieron el final de esta era actual».

Manuel estaba impresionado, pero también preocupado. Tenía una pregunta más: «¿Pero cuál es esa fecha final en el calendario gringo?».

La voz de Don Miguel tembló ligeramente al responder: «Es el día 21 de diciembre de 2012, hijo».

La cara de Manuel se arrugó a la vez que pensaba en lo pronto que llegaría esa fecha y en todo lo que él no podría hacer si el mundo terminaba ese día.

El Imperio Maya fue una de las civilizaciones más increíbles y más espantosas en toda la historia de la humanidad. Aunque la civilización maya comenzó alrededor del año 2000 a.C., su «Periodo Clásico» duró alrededor del año 250 hasta el 900 d.C. Fue en el Periodo Clásico cuando la civilización maya alcanzó su punto álgido en escritura, arte, arquitectura y astronomía. Su imperio englobaba Honduras, Guatemala, Belice, El Salvador, y el centro de México. Los mayas desarrollaron grandes centros urbanos basados en la agricultura. Hay amplia evidencia de que fundaron pequeñas aldeas alrededor de sus ciudades centrales donde el cultivo de maíz les permitía alimentar bien a sus familias.

El experto en cultura maya, el doctor Michael Coe, observó cómo vivían la mayoría de los mayas. «Aldeas que estaban constituidas por casas con techos de paja, en ninguna manera distintas a las que están en uso en la actualidad entre los campesinos mayas, se esparcían por el terreno».[1] Ellos vivían en grupos sociales muy complejos centrados en prácticas religiosas y una vida social estrictamente ordenada. Los reyes locales, «que afirmaban ser descendientes de un diferente dios del panteón maya, gobernaban las ciudades grandes. La mayor parte del tiempo los reyes eran también chamanes, u hombres santos, y servían para abrir portales a los dioses mediante estados de éxtasis».[2]

Los mayas practicaban el sacrifico humano como parte de su religión, a menudo utilizando niños para el ritual, en el cual el sacerdote maya abría en dos el pecho del niño aún con vida y le extraía el corazón como un sacrificio a los dioses. De hecho, para celebrar el comienzo de un nuevo año, los mayas «sacaban el corazón de una víctima sacrificial... y comenzaban una llama con un simulacro de incendio en la cavidad de su pecho abierto».[3] Como ha explicado un experto en cultura maya: «Dicho con sencillez, los seres humanos eran sacrificados vicariamente a los dioses como reembolso por el regalo de la vida».[4] También servían para apaciguar al planeta Venus, el cual los mayas creían que les haría daño con «violentas y negativas influencias» si ellos no ofrecían sacrificios humanos cruentos.[5]

En la mitología maya, el dios sol demandaba sangre para seguir funcionando. Al igual que los creyentes en la mayoría de las religiones centradas en la mitología, los mayas creían que aquello que sucede en la tierra también sucede en la esfera celestial. Por tanto, los sacrificios de sangre, especialmente del corazón de la víctima, eran un modo de alimentar a los dioses y garantizar cultivos fértiles y bienestar para el pueblo. Ya que los mayas creían que los dioses daban su propia sangre a los seres humanos en la creación, el ritual del sacrificio humano significaba que cuando el corazón y la sangre eran extraídos en la tierra y quemados en fuego, los dioses eran alimentados con su propia sangre. La gran épica mitológica del K'iche'maya, conocida como *Popul Vuh*, registra los orígenes de esta costumbre.[6] Sin sacrificios de sangre, los dioses morirían y toda la vida en la tierra moriría con ellos.

Los sacerdotes eran responsables de asegurarse de que tales ceremonias se celebrasen en días favorables, basándose en los movimientos de las estrellas y los planetas. Ellos creían que ciertos días de su calendario eran días sagrados y, por tanto, aptos para que se realizaran sacrificios de sangre a los dioses. Ellos observaban, registraban y medían los movimientos del sol, la luna y el planeta Venus para determinar qué días eran los más favorables para sus ceremonias. Los mayas crearon un calendario especial para tomar nota de esos días, basándose en los movimientos del planeta Venus, llamado el *Tzolk'in*.[7]

Debido a esa creencia fundamental en su religión, también eran famosos por sus logros en astronomía. Ellos tenían que asegurarse de que sus ceremonias se correspondieran con movimientos concretos de las estrellas, los planetas y las estaciones del año. Por tanto, los mayas construyeron increíbles observatorios en lugares como Palenque, Tikal y Chichen Itzá donde estudiaban los movimientos de las estrellas año tras año. Hacían cálculos muy meticulosos y sofisticados sobre las órbitas del sol y del planeta Venus y otras estrellas, de cambios estacionales y de eclipses de sol y de luna. Sin el uso de telescopios, los mayas eran capaces de calcular el número exacto de días en un año con mayor precisión que el calendario gregoriano que nosotros utilizamos en la actualidad.[8] El erudito cristiano, Mark Hitchcock, observó: «Los mayas no sólo estaban interesados en el tiempo, estaban obsesionados con él. Eran expertos galácticos». Es cierto que los eruditos del calendario maya mantenían registros increíblemente detallados de los «ciclos de la luna, del sol y de Venus. Su extraordinaria exactitud no fue reproducida hasta tiempos modernos».[9]

Basándose en sus estudios en astronomía, los mayas crearon un sistema de calendario que trazaba la historia del tiempo comenzando con el principio del mundo actual el 11 de agosto del año 3114 a.C. Utilizando un sistema de calendario lunar, los mayas medían el tiempo en unidades de veinte. Veinte *kin* (días) formaban un *winal* (mes); 18 *winales* formaban un tun (año); 20 *tunes* formaban un *katún* (20 años); y 20 *katunes* formaban un *baktun* (400 años). Para designar una fecha específica, la registraban en términos de cuán alejada estaba del comienzo de la creación. Por tanto, la fecha del calendario maya «de largo recorrido»

6.4.8.9.17 representa 6 baktunes, 4 katunes, 8 tunes, 9 winales, y 17 kin/días desde la creación del mundo actual.[10]

La importancia del calendario maya es que parece predecir 13 baktunes como el momento final de la era actual. Después de datar cada año desde el principio del tiempo, el calendario termina de modo abrupto al final del tercer baktun. Traducir la fecha del calendario maya al sistema del calendario gregoriano utilizado en la actualidad produce la fecha del 21 de diciembre de 2012 como el fin de la era actual. Esa es la fecha en la cual el Gran Círculo del Largo Recorrido llega a su culminación. Mark Hitchcock concluyó que «el antiguo calendario azteca corrobora la fecha maya del fin, señalando también al fin del actual ciclo el día 21 de diciembre de 2012».[11]

La primera afirmación de que el fin del calendario maya se corresponde con el 21 de diciembre de 2012 apareció en la revisión de Robert Sharer del libro de Sylvanus Morley, *The Ancient Maya* [Los antiguos mayas] (1983). Desde ese tiempo, numerosos escritores han confirmado esta fecha como el fin del ciclo del calendario maya y, por tanto, del fin del mundo. Palabras como las de Michael D. Coe popularizaron esta interpretación de la importancia del calendario maya para muchos en el movimiento catastrófico de 2012. Coe, que es profesor emérito de antropología y director emérito del museo Peabody de Historia Natural en la universidad de Yale, recibió el más alto honor de Guatemala, la Orden del Quetzal, por su excelente investigación en cultura

maya y sus escritos en ese país. Sus conceptos han sido cristaliza-
dos en *Breaking the Maya Code* [Descifrando el código maya],
un revelador documental en DVD producido por David Lebrun.
El conocimiento de Coe de la cultura, arquitectura y jeroglíficos
mayas le ha calificado como un experto de renombre mundial en
estudios mayas.[12] Su respaldo al año 2012 como la fecha del fin
del mundo añade una gran respetabilidad académica a las interpretaciones del movimiento catastrofista de 2012.

La confianza en la capacidad de los mayas de entender las
realidades astronómicas y predecir futuros eventos se ha convertido en un pilar de las proyecciones apocalípticas en las dos últi-
mas décadas. Los mayas son venerados por muchas personas en
la actualidad como los más increíbles indicadores de eventos
futuros en la historia de la humanidad. La fe en su capacidad de
precisar el fin del mundo se ha convertido en un principio básico
del movimiento catastrofista 2012. Casi todo el mundo que sabe
de la capacidad de los mayas de trazar órbitas, eclipses y movimientos al minuto de estrellas, se sorprende de sus avanzadas
capacidades tecnológicas a pesar de su falta de herramientas
modernas. ¿Dónde obtuvieron esas capacidades?

Algunos han sugerido que debieron de haber recibido ese
sofisticado conocimiento de extraterrestres. Otros han concluido
que supervivientes de la mística Atlantis les comunicaron esa
información. Se sabe que los mayas consumían plantas alucinógenas, peyote y setas para ponerse a sí mismos en un trance en el

cual «eran capaces de viajar entre las estrellas… Durante esos trances era cuando se dice que se descubrieron algunos de esos conocimientos».[13] John Major Jenkins se refirió favorablemente a esas experiencias como «viajes de recopilación de conocimiento chamán al espacio interior» en los cuales los mayas eran capaces de entender muchos de los misterios del universo a través de las capacidades de las drogas alucinógenas.[14]

Mark Hitchcock cree que «ellos lo aprendían de sus dioses, los cuales no eran dioses en absoluto, sino espíritus demoníacos… Gran parte de la bárbara y sangrienta «adoración» de los mayas, incluyendo los sacrificios humanos, pueden explicarse si reconocemos que estaba motivada demoníacamente por el verdadero poder que había tras los dioses de piedra».[15]

En 1987, el experto en la cultura maya, José Argüelles, publicó su influyente texto, *The Mayan Factor* [El factor maya], en el cual combinaba evidencia documental maya y predicciones místicas para afirmar la fecha del fin del mundo en 2012. Argüelles y sus colegas han promocionado un movimiento internacional 2012 que combina predicciones catastróficas con enseñanzas místicas sobre estar en armonía con el universo, establecer paz entre todos los pueblos, y una apertura a estados cósmicos de conciencia que intentan enseñarnos a vivir en unidad los unos con los otros.[16] Argüelles no ve 2012 como el fin total del mundo, sino como el fin del presente orden mundial, el cual dará entrada a un nuevo y mejorado mundo.

José Argüelles «fue honrado el 3 de marzo de 2002 como "Valum Votan, quien cierra el ciclo" encima de la Pirámide del Sol en Teotihuacán por nueve ancianos indígenas que le otorgaron un bastón ceremonial por sus esfuerzos en ayudar a despertar a la humanidad al significado de 2012».[17] Así, hay ciertamente algunos importantes líderes indígenas que están de acuerdo con Argüelles en que 2012 es el final del presente orden mundial y el comienzo de uno nuevo.

Dos preguntas que surgen de esta afirmación son: (1) ¿Cómo califica a los mayas su meticulosa capacidad de estudiar el movimiento de estrellas y predecir eclipses y condiciones meteorológicas como quienes predicen el futuro y el fin del mundo? (2) ¿Consideraban realmente los mayas el fin del decimotercer baktun como el fin del mundo?

Varios famosos expertos en los mayas han desafiado la idea de que el 21 de diciembre de 2012 corresponda con el fin del mundo. En su obra en colaboración, *A Forest of Kings* [Un bosque de reyes], los eruditos en cultura maya, Linda Schele y David Freidel, insistían en que el fin del decimotercer bakun no señala el fin del mundo, sino indica un importante cambio en la historia mundial, con muchos eventos que suceden después de esa fecha. En esta interpretación de los documentos mayas, la fecha de 2012 se considera un período de transición a una era nueva y mejorada para la humanidad, y no el final de ella. La experta en cultura maya, Linda Schele, ha publicado más de cuarenta libros sobre estos temas. Después de más de veinte años de cuidadoso estudio del arte, la arquitectura y los escritos mayas, Schele concluyó: «Los mayas... no concebían esto como el fin de esta creación, como muchos han sugerido». Ella ilustró su punto citando una profecía maya que predice eventos en el año 4772 d.C.[18]

El erudito en cultura maya, Mark Van Stone, señaló que formas alternas de documentos del calendario maya no contienen ninguna referencia a 2012 como el fin del mundo. En la definitiva obra de Van Stone sobre este tema, *It's Not the End of the World: What the Ancient Maya Tell Us About 2012* [No es el fin del mundo: lo que los antiguos mayas nos dicen sobre 2012], él se esfuerza mucho para mostrar que los mayas no tenían un concepto de que el mundo terminase en 2012. Su conclusión: «La vida y el calendario continuarán sin interrupción después de 2012... La breve respuesta de los mayas es: ¡No es el fin del mundo!».[19] Esto es especialmente significativo, ya que Van Stone es un colega y co-autor con Michael D. Coe, quien insiste en que 2012 *es* la fecha del fin del mundo para los mayas.

Escribiendo para la Fundación para el Avance de los Estudios Mesoamericanos (FAMSI, siglas en inglés), sin embargo, Van Stone afirmó categóricamente:

No hay nada en la profecía maya, o azteca, o mesoamericana antigua, que sugiera que ellos profetizaron un repentino o importante cambio de ningún tipo en 2012.

La idea de un 'gran ciclo' que llega a su fin es puramente una invención moderna. Las inscripciones mayas que predicen el futuro muestran de modo coherente que ellos esperaban que la vida prosiguiera de forma similar para siempre. En Palenque, por ejemplo, ellos predijeron que el pueblo en el año 4772 d.C. estaría celebrando el aniversario de la coronación de su gran rey Pakal.[20]

EL DEBATE CONTINÚA

A pesar de los impresionantes estudios de expertos en cultura maya como Schele, Freidel y Van Stone, la controversia continúa entre quienes dicen que los mayas hicieron una predicción catastrofista para 2012 y quienes insisten en que no hay ninguna indicación de que los mayas considerasen la fecha como la del fin del mundo. Nosotros en el mundo occidental tendemos a considerar la historia como una progresión lineal; es decir, vemos los acontecimientos con un principio, una parte entremedia y un fin. Muchas culturas como la maya ven la historia como cíclica; es decir, hay un comienzo y una parte entremedia, pero el final es meramente una repetición del anterior comienzo que regresa otra vez. El experto en cultura maya, Gerald Benedict, lo expresó: «Para los mayas, el futuro era una repetición y una variación de lo que había sucedido en el pasado».[21] No es sorprendente que muchos eruditos mayas no consideren 2012 como el fin del mundo, sino como un nuevo comienzo de la sociedad humana.

Uno de los manuscritos de calendarios mayas más antiguos se guarda en archivos en Dresden, Alemania. El profesor Nikolai Grube, erudito en cultura maya, ha estudiado el *Codex Dresden* por muchos años y ha llegado a la conclusión de que el último capítulo del documento sí comunica una advertencia sobre el fin del mundo. Él observó que describe nubes negras, relámpagos, lluvias torrenciales y la destrucción del planeta.[22]

El ex consultor de la NASA, Richard C. Hoagland, ha realizado una amplia investigación en Tikal, la capital del Imperio Maya. Él explicó que el final del calendario maya en el 21 de diciembre de 2012 sí predice una destrucción en todo el planeta cuando el último ciclo termina. Hoagland predijo que el eje de rotación de la tierra será alterado, y que el cambio en la posición de la tierra dará como resultado terremotos, erupciones supervolcánicas, y una colosal ola que barrerá el mundo destruyendo todo lo que encuentre en su camino.[23]

Por otro lado, John Major Jenkins, que ha realizado una extensa exploración de lugares y documentos mayas clave, llegó a la conclusión contraria. Jenkins explicaba que el 21 de diciembre de 2012 no señala el fin del mundo para los mayas, sino el comienzo de un nuevo ciclo en la historia de la humanidad. Jenkins insistía en que la fecha de 2012 se originó en la ciudad maya de Izapa, y significa un renacimiento del mundo al final de un ciclo.[24] Él lo considera un periodo de «transformación y renovación» para el mundo, no un período de destrucción. Él afirmó que está trabajando duro para combatir «la creciente ola de temor» que intérpretes del catastrofismo están produciendo.[25]

El doctor Ian O'Neill, físico solar, estaba de acuerdo con la afirmación de Jenkins: «Arqueólogos y mitólogos por otro lado creen que los mayas predijeron una *era de iluminación* cuando 13.0.0.0.0 llegue; realmente no hay mucha evidencia para sugerir que golpeará el catastrofismo. Si algo, los mayas predijeron un milagro religioso, no nada siniestro».[26]

La mayoría de los eruditos sobre los mayas están de acuerdo con Jenkins, apoyando la interpretación de que 2012 no se consideraba el fin del mundo por parte de los mayas, sino un renacimiento del mundo a un mejor estado de la sociedad. Los antiguos mayas advirtieron que la transición a ese nuevo estado puede ser turbulenta, especialmente si la humanidad continúa abusando los unos de los otros y de la naturaleza.[27]

Los actuales mayas hasta han sido arrastrados a esta controversia. El anciano maya Apolinario Chile Pixtun y el arqueólogo mexicano Guillermo Bernal han afirmado el «apocalipsis» como una idea occidental que tiene muy poca importancia para el sistema de creencias maya. Bernal afirmó que los occidentales, que están buscando nuevos mitos para explicar su mundo, han forzado la fecha de 2012 como fin en los documentos mayas. El sacerdote maya contemporáneo y anciano, Carlos Barrios, se quejaba:

> Antropólogos visitan los templos y leen las estelas y las inscripciones y crean historias sobre los mayas, pero no leen las señales correctamente. Es sólo su imaginación… Otras personas escriben sobre profecía en nombre de los mayas. Dicen que el mundo terminará en diciembre de 2012. Los ancianos mayas están enojados con eso. El mundo no terminará; será transformado.[28]

El arqueólogo maya, José Huchm, afirmó: «Si yo fuese a algunas comunidades de habla maya y preguntase a la gente lo que va a suceder en 2012, ellos no tendrían ni idea. ¿Que el mundo va a terminar? Ellos no le creerían».[29] Muchos mayas actuales creen que «2012 no es la destrucción de la tierra; es la destrucción por fuego de viejos métodos que no funcionan».[30]

Don Alejandro Cirilo Perez Oxlaj, jefe del Consejo Nacional de Ancianos Mayas de Guatemala, dijo:

> Según el calendario maya, estamos finalizando el 13 baktun y el 13 ahau, aproximándonos así al *año cero*. Estamos a las puertas de terminar otro período del sol, un periodo que dura 5200 años y termina con varias horas de oscuridad. Después de este período de oscuridad llega un nuevo período del sol… El mundo es transformado y entramos

en un período de entendimiento y coexistencia armonio-
sa, donde hay justicia social y equidad para todos.[31]

De nuevo, un líder maya insistió en que 2012 no significa el fin
del mundo, sino el fin del presente orden mundial y la transición
a un mundo nuevo y mejor.

CONCLUSIÓN

Parece que si el 21 de diciembre de 2012 fuese una predicción para los mayas del fin del mundo, habría sido preservada como una parte importante de la herencia cultural y religiosa de esa civilización, incluso en la actualidad. Pero aparentemente, no es ese el caso. Muchos mayas actuales no afirman esa interpretación de su calendario y sistema de creencias, sino que se quejan de que los occidentales han forzado esa interpretación desde sus propias perspectivas y para sus propios propósitos.

Habiendo dicho eso, aun si pudiera demostrarse que los mayas predijeron el fin del mundo en 2012, ¿qué los calificaría como profetas? Aunque los mayas eran dotados astrónomos, esa capacidad no necesariamente significa que fuesen dotados profetas. Según la misma lógica, ¿esperamos que los actuales astrónomos, que han hecho increíbles descubrimientos mediante el uso de avanzados telescopios y satélites que viajan por el espacio, estén calificados para demostrarnos predicciones fiables y detalladas del futuro de nuestro planeta? ¡Claro que no! La idea de que quienes hacen notables observaciones astronómicas estén, por tanto, calificados para ser videntes y profetas de eventos futuros no tiene fundamento.

Puede ser que los mayas fuesen sorprendentemente expertos e increíblemente meticulosos en sus disciplinados estudios de astronomía, pero eso no garantiza sus capacidades de predicción. Aunque parece probable que el calendario maya sí prediga un evento cataclísmico de algún tipo en 2012, esa posible interpretación de ninguna manera asegura la exactitud de sus predicciones. Ellos eran astrónomos, no profetas, y el intento de utilizar su calendario como «prueba» de que el fin del mundo tendrá lugar el 21 de diciembre de 2012 es tanto ilógica como infundada.

CAPÍTULO DOS

TORMENTAS SOLARES

«Una intensa actividad solar no comenzará inmediatamente. Los ciclos solares normalmente necesitan unos cuantos años para pasar del mínimo solar (donde estamos ahora) al máximo solar, esperado en 2011 o 2012».

—Dr. David Hathaway del Marshall Space Flight Center

El joven telegrafista estaba sentado en su escritorio por primera vez, solo. El veterano, su jefe, estaba tomando su descanso para el almuerzo, y había dejado a George a cargo. No había mensajes entrando y nada para enviar, pero él se sentía poderoso sabiendo que tenía el control. De repente, inmensas bolas de fuego del cielo hicieron erupción en la parte lejana de la ciudad. Una aurora multicolor iluminó el cielo. Surgieron incendios en la parte del centro de la ciudad. La línea telegráfica se quedó totalmente muerta. George quería enviar un mensaje a otras ciudades para descubrir si allí también había sucedido, pero no había conexión con nadie. Todo el sistema telegráfico estaba muerto. George solamente podía agarrar su cabeza y pensar: ¿Qué he hecho? La fecha: 1 de septiembre de 1859.

Científicos de la NASA han estado estudiando la inmensa tormenta solar que golpeó la tierra los días 1-2 de septiembre de 1859, para predecir si podría volver a suceder. Bruce Tsurutani, físico de plasma de la NASA, llamó al evento de 1859 «la tormenta espacial perfecta» (NASA.gov). Otros la han descrito como «la tormenta solar más potente en la historia registrada».

La tormenta solar de 1859 arrolló los campos magnéticos de la tierra e interrumpió redes eléctricas y sistemas de comunicación. Cortó cables de telégrafos, causando muchos incendios. Tsurutani reveló: «La pregunta que me hacen con mayor frecuencia es: "¿Podría una tormenta espacial perfecta volver a producirse, y cuándo?" Le digo a la gente que podría, y muy bien podría ser aún más intensa que la que ocurrió en 1859» (*NASA.gov*).

A fin de entender el explosivo potencial del sol, los físicos de la NASA han explicado que el sol tiene una anchura de casi un millón de millas. Contiene el 99.86% de la masa contenida en todo el sistema solar. La energía generada por el sol es igual a cien mil millones de toneladas de TNT explotando cada segundo. Dado el increíble tamaño del sol, su potencia, volatilidad e influencia sobre la tierra, oficiales de la NASA emitieron una advertencia pública de que una masiva tormenta solar puede golpear la tierra pronto. Los oficiales de la NASA llamaron a la próxima tormenta un «máximo solar».

La doctora Mausumi Dikpati y su equipo en el Centro Nacional para la Investigación Atmosférica predijeron que el próximo máximo solar probablemente ocurriría en 2012. También, el doctor David Hathaway, del Marshall Space Flight Center, afirmó que el próximo máximo solar «se espera en 2011 o 2012» (*NASA.gov*). El entusiasta de 2012, Lawrence E. Joseph, cree que estudios de científicos solares han demostrado que «el periodo de máximo solar comenzando en 2011 y alcanzando su máximo en 2012... [bien puede producir] la catástrofe de la que los astrónomos mayas nos han estado advirtiendo aproximadamente en los últimos 1500 años».[1]

EXPULSIONES DE MASA CORONAL

El doctor Tony Phillips de la NASA informó que las sondas gemelas estéreo de la NASA que orbitan el sol han proporcionado nueva información sobre las expulsiones de masa coronal (EMC). Phillips explicó: «Las expulsiones de masa coronal son nubes de miles de millones de toneladas de gas caliente magnetizado que explotan desde el sol a velocidades que alcanzan el millón de millas por hora» (NASA.gov). El efecto de tanta energía magnética golpeando la tierra podría ser las interrupciones de comunicación de teléfonos celulares, cortes de corriente eléctrica, apagones radiales, fallos en los sistemas de navegación por GPS y bloqueos de computadoras.

El físico doctor Paul LaViolette predijo que las expulsiones de masa coronal de tamaño suficiente podrían mover la corteza exterior de la tierra y producir potentes terremotos que sacudirían el planeta, causando una increíble destrucción.[2] Esta predicción nos recuerda la profecía de Jesús de que terremotos en varios lugares precederán al fin (Mateo 24.7). Necesitamos tener en mente el poder destructivo de los terremotos. Un terremoto que se produjo en Tangshan, China, en 1976, mató a más de seiscientas mil personas.[3] Si tienen lugar inmensas expulsiones de masa coronal desde el sol, los terremotos resultantes podrían matar a millones, incluso a miles de millones de personas.

LLEGA EL CICLO SOLAR 24

La actividad solar ocurre en ciclos de intensidad. Los científicos en el Centro Nacional para la Investigación Atmosférica (NCAR) han desarrollado un nuevo modelo para predecir ciclos solares, los cuales aparecen aproximadamente cada once años. Veintitrés ciclos solares se han estudiado hasta ahora. El equipo de NCAR está prediciendo que el ciclo 24 «es probable que llegue a su máximo alrededor del año 2012» (*página web de NCAR*).

Ken Tegnell, del Centro Espacial Atmosférico de la Administración Nacional Oceánica y Atmosférica estuvo de acuerdo en que llegaremos al comienzo de un nuevo ciclo de tormenta solar en 2012. Él predijo que las redes eléctricas del mundo no serán capaces de soportar las masivas llamaradas que pueden producirse, y que tal asalto a nuestro sistema eléctrico podría producir un corte de electricidad que podría durar varios años.[4]

CONCLUSIÓN

Cuando todos estos hechos se ponen juntos, se hace muy claro que los científicos en la NASA, NCAR y el NOAA esperan masivas tormentas solares que golpeen la tierra en 2012. Súper tormentas con expulsiones masivas coronales penetrarán en la atmósfera de la tierra, causando interrupciones en el sistema eléctrico, bloqueos de computadoras, e interferencia en la comunicación a gran escala. Algunos físicos han advertido que expulsiones masivas coronales de suficiente tamaño y fuerza podrían calentar el centro del planeta y agitar la superficie, causando graves terremotos y destrucción. Esta predicción de una catástrofe en 2012 causada por tormentas solares parece tener amplia confirmación científica.

CAPÍTULO TRES

EL CERN Y EL GRAN COLISIONADOR DE HADRONES

«Uno podría estar preocupado por una transición tipo "hielo 9", dentro de la cual toda materia circundante podría ser convertida en pequeños fragmentos de strangelets, y el mundo tal como lo conocemos desaparecería».

—Dr. Frank Wilczek, ganador del Premio Nobel de Física

Los piquetes fuera de las instalaciones de investigación eran cada vez más ruidosos. Su grito llegaba al interior de la oficina de la Organización Europea de Investigación Nuclear (CERN). «¡Detengan el colisionador! ¡Detengan el colisionador!».

Un reportero de noticias preguntó al jefe de la manifestación por qué hacían eso. Él dijo: «Tenemos miedo. ¡Los experimentos que están haciendo en el CERN son muy peligrosos!».

El reportero preguntó de qué tipo de peligro hablaba.

«¡Peligro de destruir toda la vida humana y el planeta mismo!».

El reportero preguntó qué tipo de experimentos podría causar eso.

«Intentan replicar el Big Bang que creó el universo, pero no saben lo que hacen. ¡Su colisionador podría producir agujeros negros y partículas desconocidas que chocarían contra la tierra y destruirían todo y a todos!».

El reportero se acercó al auto de uno de los investigadores del CERN cuando él intentaba entrar por la puerta, pero el científico dijo que no hacía comentarios.

CERN

CERN es el acrónimo francés para la Organización Europea de Investigación Nuclear *Laboratorio Europeo de Física de Partículas*. Fue fundada en el año 1954 por once países de Europa occidental, y ahora tiene veinte naciones miembros. La página web del CERN se describe como «uno de los centros más grandes y respetados del mundo para la investigación científica». Los investigadores del CERN afirman que su mandato es «descubrir de qué está formado el universo y cómo funciona». Los laboratorios del CERN están situados cerca de Ginebra, Suiza.

EL GRAN COLISIONADOR DE HADRONES (LHC)

El gran Colisionador de Hadrones, construido por científicos del CERN, es un acelerador y colisionador de partículas que alberga dos rayos de haz de partículas subatómicas (protones) y los hace colisionar a niveles muy altos de energía a fin de «recrear las condiciones inmediatamente posteriores al *Big Bang*» (*página web del CERN*) . El túnel que realiza la operación tiene veintisiete kilómetros de longitud y está enterrado a casi doscientos metros bajo la superficie de la corteza terrestre. La energía que se requiere para producir esta colisión es inmensa. Cada haz de protones tiene el nivel de energía de siete trillones de voltios de electrones, dando un total de energía de colisión de catorce trillones. Los protones viajan alrededor del anillo del colisionador, curvado en su trayectoria por potentes imanes, hasta que alcanzan una velocidad del 99.99% de la velocidad de la luz y son forzados a chocar unos con otros.

Los científicos del CERN esperan que las colisiones de protones a esa velocidad y nivel de energía simulen el *Big Bang* y produzcan muchas partículas nunca vistas antes que ellos puedan estudiar. Creen que el experimento «revolucionará nuestro entendimiento, desde el minúsculo mundo que hay dentro de los átomos hasta la inmensidad del universo». Aunque ellos no saben con certeza qué se producirá por las colisiones, tienen confianza en que los resultados cambiarán la ciencia de la física. «Hay muchas teorías en cuanto a qué resultará de estas colisiones, pero lo que es seguro es que un mundo totalmente nuevo de física emergerá del acelerador, a medida que el conocimiento en la física de partículas siga describiendo el funcionamiento del universo» (*página web del CERN*).

LOS RIESGOS IMPLICADOS EN LOS EXPERIMENTOS CON EL COLISIONADOR

El doctor Walter L. Wagner, físico nuclear, formó una organización llamada Ciudadanos contra el Gran Colisionador de Hadrones. Él puso una demanda para buscar una orden de restricción temporal para detener los experimentos del LHC hasta que pudieran abordarse los graves problemas de seguridad (21 de marzo de 2008). En su página web, Wagner afirmaba que el próximo «acelerador podría darnos un gran paso adelante en nuestro entendimiento del universo, pero la proporción de riesgo/recompensa es absolutamente inaceptable si el riesgo es la terminación del Homo sapiens».[1]

Elizabeth Kolbert, reportera del *The New Yorker*, entrevistó a Jos Engelen (científico jefe del CERN) y a otros líderes del proyecto CERN y escribió este informe:

Preocupaciones sobre el final del planeta han eclipsado cada experimento de alta energía. Tales preocupaciones se vieron impulsadas por *Scientific American*, es de suponer que inadvertidamente, en 1999. Ese verano, la revista mostró una carta al editor sobre el colisionador de iones pesados relativistas de Brookhaven, cerca de ser terminado en aquel entonces. La carta sugería que el colisionador Brookhaven podría producir un 'mini agujero negro' que sería atraído hacia el centro de la tierra, devorando así el planeta en cuestión de minutos.

Frank Wilczek, un físico que más adelante ganó el premio Nobel, escribió una respuesta para la revista. Wilczek descartó la idea de mini agujeros negros, pero planteó una nueva posibilidad: el colisionador podría producir *strangelets*, una forma de materia que algunos podrían pensar que existe en el centro de los neutrones de las estrellas. En ese caso, explicó él: «Uno podría estar preocupado por una transición de tipo "hielo-9", dentro de la cual toda materia circundante podría ser convertida en *strangelets* y el mundo tal como lo conocemos se desvanecería».[2] Los *strangelets* son partículas que se tragan cualquier materia que tocan, haciéndola parte del *strangelet*. Este peligro de los experimentos del CERN, anunciado por un eminente físico que es parte del equipo del CERN, es muy desconcertante para muchos observadores.

Hasta el físico del CERN, Álvaro de Rújula, admitió: «La ciencia es lo que hacemos cuando no sabemos lo que estamos haciendo» (documental de la *BBC* sobre el Gran Colisionador de Hadrones). Muchas personas se han molestado mucho de que el equipo del CERN realmente no sepa lo que puede estar creando, y que sus experimentos podrían liberar partículas que podrían dañar la tierra o hasta destruirla.

Algunos científicos temen que el Gran Colisionador de Hadrones pudiera producir *agujeros negros* que podrían destruir materia en la tierra. Un enfoque con cierto toque de humor negro de esta posibilidad fue expresado en el artículo de Robert Matthew en la revista *New Scientist* titulado «Un agujero negro se comió mi planeta». Refiriéndose al Colisionador de iones pesados en el laboratorio Bookhaven National Laboratory en Nueva Jersey (que es mucho más débil que el Gran Colisionador de Hadrones), Matthew escribió: «*Uh-oh*, los locos científicos están en ello de nuevo. En su determinación por extraer los secretos de la naturaleza, los físicos en América han construido una máquina tan potente que ha hecho surgir temores de que podría causar el fin del mundo tal como lo conocemos». Otros no consideran esta posibilidad como un asunto para bromear.

ASEGURAR LA SEGURIDAD POR PARTE DE LOS INVESTIGADORES DEL CERN

Una de las principales causas de estos temores es que, aunque los investigadores del CERN han asegurado a todos que han tomado todas las precauciones de seguridad necesarias para evitar un accidente, el LHC falló cuando fue encendido por primera vez. El 10 de septiembre de 2008 el equipo del LHC intentó hacer circular un haz por la máquina, pero el sistema se estropeó cuando una mala conexión magnética liberó casi una tonelada de helio líquido (el refrigerador del proyecto). Ese tipo de fallo del sistema hace que la gente esté muy inquieta acerca de la capacidad que tiene el equipo del CERN de predecir y controlar los peligrosos experimentos que están realizando.

Hay muchas personas que tienen temores de que los experimentos del colisionador bien puedan desatar partículas destructivas que podrían dañar o hasta destruir la tierra. La junta de investigación del CERN ha respondido a miles de ciudadanos preocupados que enviaron mensajes de correo electrónico y llamaron por teléfono cuestionando la seguridad de comenzar el LHC (y de muerte amenazas de algunos oponentes incluso más fanáticos). Para responder a esas preocupaciones, la junta de investigación constituyó un comité para realizar un riguroso «estudio de posibles eventos peligrosos durante las colisiones de iones pesados en el LHC». El comité estudió «la posible producción de agujeros negros, monopolos magnéticos y *strangelets*». Llegaron a la conclusión de que el riesgo de daño medioambiental por los agujeros negros y los monopolos era «insignificantemente pequeño». También concluyeron que sería imposible que el LHC produjera *strangelets* estables que fuesen capaces de destruir o absorber materia, «una posibilidad que ha sido excluida por los estudios de estabilidad».[3]

La página web del CERN ofrece citas de reconocidas autoridades científicas para impulsar su afirmación de total seguridad y confiabilidad:

- *Vitaly Ginzburg,* laureado Nobel de física: «Pensar que las colisiones de partículas en el LHC a altas energías puede conducir a peligrosos agujeros negros es basura».

- *Steven Hawking,* profesor de matemáticas en la Universidad de Cambridge: «El mundo no llegará al fin cuando se encienda el LHC. El LHC es totalmente seguro».

- *Profesor Lord Martin Rees*, astrónomo y presidente de la British Royal Society: «No existe riesgo alguno».

- *R. Aleskan y los veinte miembros externos del Comité de Política Científica del CERN*: «No hay base alguna para ninguna preocupación acerca de las consecuencias de nuevas partículas o formas de materia que posiblemente pudieran producirse en el LHC».

CONCLUSIÓN

La evidencia con respecto a la relativa seguridad de los experimentos del colisionador es ambigua, en el mejor de los casos. El personal del CERN y otros destacados científicos han asegurado al público que todo en el LHC está totalmente bajo control y que no hay posibilidad de crear un desastre. Aun así, sus reafirmaciones hacen surgir la pregunta de que, si todo está bajo control, tal como ellos dicen, ¿por qué hubo un fallo del LHC el 10 de septiembre de 2008? Además, algunos de sus propios científicos han admitido que nadie sabe realmente lo que el LHC producirá cuando opere a plena potencia, y sí existe una remota posibilidad de la creación de formas de materia que serían devastadoras para el planeta. El 23 de noviembre de 2009 los equipos del CERN encendieron el colisionador y pudieron hacer que dos haces de protones colisionaran en el lugar del detector ALICE, sin ningún mal efecto, aunque el experimento no se realizó a plena potencia.[4]

Pensando sobre los inherentes riesgos implicados en los experimentos del CERN, no puedo evitar acordarme de un episodio con un rinoceronte en Kenia que ilustra este punto. Yo viajé a Kenia para visitar a mi hermana y mi cuñado, misioneros por más de treinta y cinco años. Ellos me llevaron a un safari en una hermosa reserva donde vimos elefantes, leones, guepardos y antílopes. Pero resultó que vimos a un hombre con un rifle cerca de un rinoceronte muy grande. Nos acercamos a él. Mi hermana —la valiente— preguntó si podíamos acariciar al rinoceronte. El hombre dijo que era salvaje, pero que si teníamos mucho cuidado, podíamos tocarlo mientras le daba algo de comida. Antes de que nos acercásemos al animal, yo pregunté al guarda qué sucedería si disparaba al rinoceronte con su rifle. Su sorprendente respuesta: «Él se irritaría mucho».

Por tanto, con temor e intrepidez me acerqué a la bestia de una tonelada y comencé a acariciarlo con golpecitos. Desgraciadamente, yo estaba al lado de su cabeza cuando pude ver claramente su inmenso cuerno solamente a centímetros de mi cuerpo. A medio camino en el proceso, me di cuenta de que lo único que él tenía que hacer era girar su cabeza y yo quedaría pinchado en ese cuerno. Pero seguí acariciándolo, observando cualquier movimiento de su cabeza. Él nunca atacó, pero podría haberlo hecho. Aquella fue una experiencia estupenda, que yo nunca olvidaré, en parte debido a que el riesgo fue demasiado alto y que no había garantía de que lo peor no pudiera suceder. Debo apresurarme a añadir que si el rinoceronte hubiera girado su cabeza y me hubiera pinchado, ¡yo tendría una perspectiva totalmente distinta de ese acontecimiento! Quizá esa sea una parábola para aquello a que ahora nos enfrentamos con los experimentos del LHC.

En definitiva, como con cualquier avance científico que corre riesgos, tendremos que esperar y ver lo que sucede. Las personas del CERN puede que hagan increíbles descubrimientos que harán avanzar la física y nuestro entendimiento de los orígenes del universo y sus mecanismos a años luz de donde estamos en la actualidad, o pueden crear sustancias que dañarán el planeta, y, en el peor de los casos, destruirlo y a todos nosotros juntamente con él. Como es con frecuencia el caso, puede que tengamos que poner nuestra confianza en los científicos que realicen el experimento. Ellos son expertos bien calificados en sus campos y, sin duda, no quieren arriesgarse a hacer daño al planeta ni a nosotros. Esas inquietantes preguntas sobre seguridad siguen, sin embargo. A menos que la demanda del doctor Wagner siga adelante, el LHC pronto estará operando a plena potencia y esas cruciales preguntas serán respondidas, de un modo u otro.

CAPÍTULO CUATRO

LAS PREDICCIONES DE NOSTRADAMUS

«Tras una gran angustia para la humanidad, una aún mayor se aproxima.

El gran ciclo de los siglos renovado,

Lloverá sangre, leche, hambre, guerra, enfermedad.

En el cielo se verá un gran fuego arrastrando una estela de chispas».

—Nostradamus, Capítulo 2: Cuarteto 46 (1555 D. C.)

Lo había visto muchas veces, pero esta vez era diferente. Como sirviente de él, a menudo había sido testigo del ritual que realizaba cada mañana. Echaba un cuenco lleno de agua y se sentaba en su gran silla. Entraba en un estado parecido a un trance que bloqueaba y dejaba fuera todo lo que le rodeaba. Una vez se me cayó una copa a medio metro de él pero él ni siquiera pestañeó.

De repente, su cara se iluminó como si viera algo en el agua; algo que ninguno de nosotros podía ver. Pero él lo veía claramente, y reaccionó a lo que vio apartando su vista del agua y agarrando su pluma y papel. Con frecuencia, escribía febrilmente como si fuese a perder la revelación si no la escribía con rapidez. Pero hoy era diferente. A medida que escribía la revelación de esta mañana, se secó una lágrima de su ojo.

«Maestro —pregunté yo—, ¿está usted bien?».

Él no respondió, sino que señaló al papel.

Cuando leí el pergamino, comprendí que Nostradamus estaba describiendo el fin del mundo, y mi cuerpo tembló de temor.

Michel Nostradamus fue un físico, astrónomo, profeta y poeta que nació en 1503 y murió en 1566. Otros autores se han referido a él como «el rey de los videntes catastrofistas seculares».[1] Vivió durante la época de la Inquisición francesa, cuando era peligroso practicar la fe de su familia: el judaísmo. Su familia al completo se convirtió formalmente al cristianismo católico romano antes de que él naciese,[2] ya que la conversión en aquellos tiempos era con frecuencia un asunto de necesidad.[3] Esa forzada conversión hizo de la fe cristiana de Nostradamus algo nominal, en el mejor de los casos, aunque él sí practicaba externamente la fe católica con «ayunos, oraciones, limosnas y paciencia; él aborrecía el vicio y lo castigaba severamente».[4] Buscó otras expresiones de espiritualidad aparte de la Iglesia católica, rechazando también al emergente movimiento protestante.[5]

Encontró su hueco en una oculta práctica de la astrología basada en el espiritismo y en la clarividencia que él creía que revelaba el futuro.[6] Según Lloyd Hildebrand, Nostradamus tenía que ser muy cuidadoso para ocultar el significado de muchas de sus profecías, presentándolas como poesía sin significado, porque la Iglesia católica requería «pena de muerte para quienes participasen en la adivinación y otras prácticas similares».[7]

Nostradamus entraba en trances y después miraba a un bol de bronce con agua donde veía desarrollarse acontecimientos del futuro, los cuales entonces escribía en estrofas de cuatro versos (cuarteto). Su obra más famosa, *Las Profecías*, apareció en el año

1555, conteniendo la primera parte del total de los mil cuartetos publicados unos cuantos años después. *Las Profecías* fue recibido con reseñas mezcladas. Algunos pensaron que él era un profeta inspirado; otros lo consideraron un hereje poseído por demonios. Muchos cristianos en la época de Nostradamus (y en la actualidad) han rechazado su obra sobre la base de un pasaje muy claro en Deuteronomio 18.10-12:

> No sea hallado en ti… quien practique adivinación, ni agorero, ni sortílego, ni hechicero, ni encantador, ni adivino, ni mago, ni quien consulte a los muertos. Porque es abominación para con Jehová cualquiera que hace estas cosas.

Nostradamus ciertamente encajaría en esa descripción.[8] Como dijo el experto apocalíptico Mark Hitchcock: «En lo que él participaba no era una práctica inofensiva, inocua o ni siquiera entretenida; era adivinación, lo cual está explícitamente condenado en la Biblia».[9]

Nostradamus tuvo muchos admiradores durante su vida, y los sigue teniendo en la actualidad; pero también ha tenido muchos detractores, entonces y ahora, que han considerado sus profecías como obras de «brujería»[10] o tan vagas y confusas que no sirven para nada. Un escritor anónimo publicó un tratado contra Nostradamus en 1557, titulado «The First Invective of Lord Hercules the Frenchman Against Monstradamus [sic] (Primera

Invectiva del Señor Hércules el francés contra Monstradamus)».[11] Él consideraba que Nostradamus era un monstruo a quien había que detener.

Michael Rathford, un «creyente» en Nostradamus, admitió que una crítica de Nostradamus «reiterada a lo largo de los siglos, es que las "predicciones" de Nostradamus están veladas en un simbolismo tan oscuro que podrían significar cualquier cosa, y que las interpretaciones son imposibles en ausencia de precisión en el lenguaje».[12] Esta observación cuestionó la autoridad de las supuestas predicciones de Nostradamus del fin del mundo o de cualquier otra cosa.

LAS CAPACIDADES
DE PREDICCIÓN DE NOSTRADAMUS

Muchas personas se preguntan por qué Nostradamus se ha convertido en una persona tan importante para los entusiastas del catastrofismo de 2012 en la actualidad. La razón principal es que un sinnúmero de personas creen que sus profecías de eventos que ya han sucedido demostraron ser tan precisas que también confían en sus profecías sobre acontecimientos futuros. A continuación están sus más celebradas profecías y su posible cumplimiento (ver *Nostradamus 101.com*).

PREDICCIÓN DE NOSTRADAMUS:	CUMPLIMIENTO SUGERIDO:
1. «El joven león vencerá al más viejo, En el campo de combate en una sola batalla; atravesará sus ojos por una jaula de oro, Dos heridas hechas una, entonces él muere con una muerte cruel». (Las Profecías 1.35; publicado en 1555.)	El 30 de junio de 1559, el rey Enrique II de Francia tomó parte en un torneo de justa con Gabriel Montgomery, capitán de la Guardia Escocesa del rey, en el campo de Guerras. La lanza de Montgomery atravesó el visor de Enrique, enviando un largo fragmento a su ojo y a su cerebro. Vivió diez días en agonía y entonces murió, el 10 de julio de 1559.[13]
2. «La sangre de los justos será demandada de Londres, Quemada por el fuego en el año 66». (Las Profecías 2.51) [Nota: otros traductores insisten en que el texto no dice «66», sino «veintitrés el seis»][14]	En 1666, comenzó un incendio en Londres que en cinco días consumió más de trece mil hogares, destruyendo las residencias de setenta mil de los casi ochenta mil habitantes de la ciudad.
3. «Del pueblo esclavo, cantos, gritos y demandas, Los príncipes y los señores son hechos cautivos en prisiones: En el futuro por tales idiotas descerebrados, serán tomados como pronunciamientos divinos». (Las Profecías 1.14)	Comenzando en 1789, campesinos se sublevaron contra el rey y la realeza de Francia. Encarcelaron a muchas de las familias reales, les cortaron la cabeza, y cantaron cantos de libertad e igualdad.
4. «Desde la parte más profunda de Europa occidental, Nacerá un niño en una familia pobre, Quién por su discurso seducirá a una gran multitud, Su reputación aumentará en el reino de Oriente». (Las Profecías 3.35) También: «El armado alarmante e infame temerá al gran horno. Primero el escogido, los cautivos que no regresan, El crimen más bajo del mundo, la enojada Irale intranquila, Barb, Hister, Malta, y el Vacío no regresan». (de Almanac, de Nostradamus, 1557)	Hitler nació en una familia pobre. Fue un gran orador que convenció al pueblo para que le siguiera por el poder de sus discursos. Hizo una alianza con Japón. Hitler usó hornos para exterminar a sus judíos cautivos (los «escogidos de Dios»), cometiendo el peor crimen en la historia de la humanidad, especialmente contra el pueblo de Israel. Muchos creen que las palabras Hister e Irale en el cuarteto son Hitler e Israel.[15]
5. «El cielo arderá a cuarenta y cinco grados. El fuego se aproxima a la nueva gran ciudad. En un instante una gran llama dispersa subirá...» (Las Profecías 6.97)	La ciudad de Nueva York está situada a 40° latitud norte, 73° longitud oeste. Los ataques del 11 de septiembre vinieron de aviones de pasajeros en el cielo, causando una inmensa explosión y terribles incendios.[16]

Podríamos continuar, pero esas cinco deberían ser suficientes para mostrar por qué tantas personas confían en las predicciones de Nostradamus. Sus seguidores le laurean como el mayor vidente en la historia de la humanidad. La confianza en sus capacidades proféticas ha aumentado mucho en años recientes, ya que cada vez más personas estudian sus escritos.

PROBLEMAS AL INTERPRETAR
LOS ESCRITOS DE NOSTRADAMUS

Es muy difícil interpretar los cuartetos de Nostradamus con exactitud, objetividad y autoridad debido a tres razones. En primer lugar, él con frecuencia utilizaba «anagramas» en los cuales las letras en una palabra están mezcladas para evitar una referencia directa a alguien importante a quién él pudiera ofender. Sin embargo, es difícil entender por qué Nostradamus tendría que hacer eso para referirse a acontecimientos o personas a cientos de años de distancia tras su muerte. Su supuesto anagrama más famoso es «Napoleón», pero Napoleón vivió más de trescientos años después de Nostradamus.[17] Sin embargo, el anagrama supuestamente aparece en *Profecías* 8.1, donde Nostradamus comienza el cuarteto con el francés: «Pau, Nay, Loron», lo cual no tiene ningún sentido a menos que uno mueva las letras para producir «Napaulon Roy», o en español: «Napoleón el rey».[18] Un investigador descubrió más de trescientas combinaciones posibles en el supuesto anagrama de Napoleón.[19] Su uso de los anagramas hace que la interpretación de sus escritos sea muy susceptible a múltiples entendimientos e interpretaciones subjetivas.

En segundo lugar, las traducciones de los cuartetos de Nostradamus a otros idiomas, y hasta su recopilación en francés, con frecuencia evidencia «manipulaciones deliberadas» de los textos para forzarlos a dar referencias más concretas a eventos que ya han tenido lugar.[20] Los escritos de Nostradamus sufren el mismo destino que los escritos más vagos cuando editores o traductores intentan aclararlos cambiándolos ligeramente. Como escribió el experto en Nostradamus, Richard Smoley: «Chavigny [el mejor amigo de Nostradamus y su secretario] editó una edición de obras completas de *Las Profecías* en 1568 (posiblemente con algunas alteraciones para mejorar su exactitud)».[21] Por tanto, es difícil a veces decir si Nostradamus realmente predijo algo con sorprendentes detalles o si quienes transmitieron su texto después de que el evento se hubiera producido hicieron sutiles cambios en sus escritos para hacerlo encajar en el evento con mayor exactitud. Este proceso a menudo se denomina «retrodicción».[22]

En tercer lugar, como lo expresó un comentarista, mirar los cuartetos de Nostradamus es «como mirar borrones de tinta».[23] En la famosa prueba de Rorschach, se pide a las personas que miren manchas de tinta muy nebulosas y le digan al psiquiatra lo que ven. Su respuesta revela mucho más acerca de ellos de lo que revela de los borrones de tinta. De igual manera, cada persona que lee un cuarteto de Nostradamus puede ver reflejos de momentos en la historia o en el futuro, los cuales considera importantes o aplicables personalmente. Al igual que no hay una interpretación correcta o incorrecta de un borrón de tinta de Rorschach, la vaguedad de los escritos de Nostradamus hace casi imposible ningún tipo de interpretación objetiva. Como observó Richard Smoley: «Gran parte del poder de los cuartetos de Nostradamus proviene de su oscuridad. Ha permitido que las personas lean muchas interpretaciones en ellos... Nostradamus era perfectamente capaz de escribir con claridad cuando escogía hacerlo. Con mucha frecuencia escogía no hacerlo».[24]

EL LIBRO PERDIDO DE NOSTRADAMUS

El canal *History Channel* emitió un programa el 28 de octubre de 2009 titulado «El libro perdido de Nostradamus», que ha causado bastante conmoción entre seguidores de Nostradamus y entusiastas del catastrofismo de 2012. El programa describía «el libro perdido» como «quizá la obra olvidada más importante de profecía en la historia». Las *Profecías de Nostradamus* es una colección de ochenta acuarelas compiladas como libro ilustrado. Los periodistas italianos Enza Massa y Roberto Pinotti lo descubrieron en 1982 en la Biblioteca Nacional de Roma.[25]

Hay mucha controversia sobre si las acuarelas fueron o no pintadas realmente por Nostradamus. Su hijo, Cesar, o alguna otra persona podrían haberlas creado. El contenido de las acuarelas y su interpretación promulgadas por eruditos de Nostradamus, sin embargo, han añadido un fuerte elemento místico al debate sobre la convergencia de profecías de un evento catastrófico el 21 de diciembre de 2012.

Expertos en Nostradamus han identificado siete dibujos clave como importantes profecías de los últimos tiempos. En el programa de *History Channel*, dos eruditos —Vincent Bridges, autor de *A Monument to the End of Time* [Un monumento al fin de los tiempos], y Victor Baines, presidente de la Sociedad de Nostradamus de América— dieron sus opiniones sobre esos siete dibujos. A continuación están sus interpretaciones:

DESCRIPCIÓN DEL DIBUJO:	INTERPRETACIÓN:
1. Una torre en llamas.	1. El ataque del 11 de septiembre al World Trade Center.
2. Una mujer amenazada por un arquero ciego.	2. Inminente final cósmico; aniquilación de la humanidad.
3. Un hombre erudito con el libro de la vida y un velo.	3. Nuestra generación: el tiempo del apocalipsis, cuando todo es revelado.
4. Una serpiente con una luna creciente.	4. El ascenso del islam violento.
5. Un hombre loco con un libro de la vida en blanco, el velo se cae.	5. Todo es revelado y termina la vida.
6. Un árbol atacado por un palo inclinado.	6. El mundo desviado de su eje.
7. Un escorpión con una hélice entre sus garras.	7. El tiempo del fin del mundo llegará cuando el sol se alinee durante el solsticio de invierno con el centro de nuestra galaxia espiral: la alineación más exacta será el 21 de diciembre de 2012.

Si hubiéramos de poner juntas las siete predicciones, producirían un alarmante escenario del fin del mundo:

- Los ataques del 11 de septiembre a las Torres Gemelas señala una cuenta atrás para los últimos tiempos.

- Los secretos sobre el fin del mundo son revelados a la humanidad.

- Fuerzas islámicas violentas hacen guerra contra Occidente.

- El mundo entra en un período de agitación cósmica y aniquilación.

- La tierra se sale de su eje, dando como resultado terremotos, erupciones volcánicas y destrucción.

- Toda la vida es destruida.

- La destrucción final tiene lugar el 21 de diciembre de 2012.

Si combinásemos estas interpretaciones sacadas de las acuarelas con la predicción escrita de Nostradamus del fin del mundo, encontraríamos un cuadro interesante, si no inquietante: «Tras un gran misterio para la humanidad, se acerca uno aún mayor. El gran ciclo de los siglos renovado, lloverá sangre, leche, hambre, guerra, enfermedad. En el cielo se verá un gran fuego arrastrando una estela de chispas» (Nostradamus, *Las Profecías*, Siglo 2: Cuarteto 46).

CONCLUSIÓN

Es fácil ver por qué estas interpretaciones de las acuarelas han sido consideradas por grupos oponentes como las asombrosas revelaciones de próximos eventos cósmicos, o como las fantásticas creaciones de imaginativos seguidores de Nostradamus que buscan hacer que sus obras sean relevantes para nuestro período en la historia y esperando montarse en la ola de la emoción del catastrofismo de 2012. Sin embargo, han añadido un considerable ímpetu al consenso sobre 2012, y muchas personas en el continuo debate les han dado un lugar de especial honor y autoridad. Las duales dudas sobre si Nostradamus pintó o no las acuarelas, y si lo hizo, si significan o no lo que algunos expertos actuales han interpretado que significan, hacen que este pilar para 2012 sea menos que convincente.

CAPÍTULO CINCO

LA INVERSIÓN DE LOS POLOS MAGNÉTICOS

«Aunque extremadamente improbable, admitiremos que podría ser posible que una inversión del campo magnético de la tierra fuese desencadenada por el impacto de un meteorito o un cometa, o que fuese causado por algo más "suave", como el deshielo de los polos».

—United States Geological Survey, Programa Nacional de Geomagnetismo

Para el navegador a bordo del crucero Paradise era una tarde típicamente hermosa. Los turistas habían regresado de St. Thomas, y el barco estaba haciendo los preparativos para navegar rumbo a Tampa, terminando el crucero. Cuando John comenzó a establecer el curso para el viaje de regreso, sucedió algo inaudito. ¡La brújula del barco se invirtió sola! El norte era ahora el sur, y el sur era ahora el norte. John no podía creer lo que veía. Acudió al capitán: «Señor, todas nuestras brújulas acaban de invertirse».

El capitán explicó a John que había sido advertido de que las llamaradas solares que se habían producido unos días antes podrían producir ese efecto. «Los polos magnéticos de la tierra se han invertido, John. Por tanto, establece nuestro curso hacia el sur y seguiremos ese curso hacia el norte».

«Sí, señor —respondió John—. ¿Causarán las llamaradas algún otro problema, capitán?».

Justamente entonces, un inmenso tsunami de tres mil pies de altura se acercaba rápidamente hacia el barco. Antes de que nadie tuviese tiempo para reaccionar, el barco había sido empujado bocabajo y quedó sumergido. Nadie sobrevivió.

Otro de los diez pilares del movimiento catastrofista 2012 es la predicción de que pronto puede que haya una *inversión geomagnética* en la cual los polos magnéticos de norte y sur (*no* los polos físicos) se invertirán solos debido a que inmensas llamaradas solares golpearán la tierra. Jeremy Hsu, escritor del personal de *Science.com* escribió un artículo en agosto de 2008 basado en parte en los descubrimientos de dos geofísicos, Mioara Mandea de Alemania y Nikls Olsen de Dinamarca.[1] Hsu explicaba que algo «está cambiando el campo magnético protector de la tierra». Por años, los científicos han observado lo que ellos denominan «Anomalía Sudatlántica». Es decir, parece haber un punto débil —situado en la región sudatlántica— en el campo magnético que rodea la tierra. Hsu se refirió a esto como «una muesca en la burbuja protectora de la tierra».

¿Cómo saben los científicos que el campo magnético que rodea la tierra se está debilitando? ¡Estudian alfarería! Cuando la arcilla se calienta a elevadas temperaturas en la alfarería, «las partículas de hierro que contiene se alinean con el campo magnético de la tierra, registrando el estado del campo en ese momento en particular».[2] Desde el estudio que realizan los paleomagnetistas de muestras de alfarería tomadas de varios períodos de la historia antigua hasta la actualidad, se ha hecho patente que el campo magnético ciertamente se está debilitando.[3] También, la NASA ha descubierto «fisuras en el campo [magnético]… las cuales pueden permanecer abiertas por horas, permitiendo que

los vientos solares entren en la atmósfera».[4] Esto es de gran preocupación para los científicos porque el campo magnético es el
que nos protege de la dañina radiación que proviene del sol. Sin
el campo magnético, moriríamos abrasados.

Lawrence E. Joseph sopesó la posibilidad de la inversión del
polo magnético explicando: «El campo magnético de la tierra, o
magnetosfera, está generado por el giro del núcleo del planeta...
creando un campo electromagnético gigante... su propósito principal es evitar que una penetración potencialmente letal de radiación
solar llegue a la superficie de la tierra».[5] Él también describió actuales estudios científicos acerca de la «Anomalía del Atlántico Sur».
Es «una grieta de 160 000 kilómetros [en el campo magnético de
la tierra la que] se abre sobre el océano entre Brasil y África».[6]

Esa «fisura» ya ha causado problemas con las redes eléctricas
en esa zona del mundo, y sigue haciéndose más grande todo el
tiempo. La brecha en la magnetosfera significa que «cada vez
más rayos cósmicos se están colando por el escudo magnético de
la tierra, despedazando moléculas de ozono... dando como resultado mayores amenazas para la salud de los seres humanos y del
medioambiente».[7] Combinar el debilitamiento del campo magnético protector de la tierra, la posible inversión de los polos magnéticos, y la posibilidad de masivas llamaradas solares en 2012 ha
producido serias preocupaciones para muchos científicos.[8]

Según estudios de *Nature Geoscience*, el núcleo de la tierra actúa
como un electromagneto gigante que se extiende 57 600 kilómetros

en el espacio. Ese campo magnético ha protegido a la tierra de los amenazadores efectos para la vida de la radiación de alta energía del sol. Muchos geofísicos creen que un debilitamiento similar del campo magnético produjo una inversión de los polos magnéticos norte y sur hace aproximadamente 780 000 años. Algunos estudios indican que otra inversión geomagnética puede ocurrir pronto, pero la evidencia para esa posibilidad no ha sido concluyente hasta ahora.[9]

El profesor Mandea dijo a *Space.com*: «Si hay tormentas magnéticas y partículas de alta energía provenientes del sol, los satélites podrían verse afectados y sus conexiones podrían perderse». Nuestros satélites de comunicación son especialmente vulnerables a los destructivos efectos de la radiación producida por las tormentas solares. Hsu dijo que en 2006 una gran mancha solar produjo una tormenta de radiación que afectó a satélites que observaban el sol, e hizo que los astronautas a bordo de la Estación Espacial Internacional se trasladasen a una zona protegida de la estación «para evitar una innecesaria exposición a la radiación».

John Rennie, editor colaborador de la revista *Scientific American*, describió una destructiva cadena de acontecimientos que podría crearse por enormes llamaradas solares, las cuales cambiarían el campo magnético de la tierra. Él afirmó que si el campo magnético se viese debilitado, el núcleo de la tierra comenzaría a moverse. Inmensos terremotos, tsunamis y erupciones volcánicas se producirían en todo el mundo. El suelo debajo de las ciudades se licuaría y se hundiría, destruyendo todo lo estuviera encima.[10]

CONCLUSIÓN

Como hemos observado, algunos científicos de la NASA han predicho que masivas tormentas solares golpearán la tierra en 2012. Tales tormentas posiblemente podrían desencadenar un cambio del polo magnético que dañaría el planeta e interrumpiría las comunicaciones, los instrumentos de localización y los satélites. Si las conclusiones de Rennie son correctas, las llamaradas solares podrían debilitar los campos magnéticos de la tierra, invertir los polos magnéticos, y agitar el núcleo líquido de la tierra, causando terremotos, erupciones volcánicas y tsunamis. Y ya que la NASA predice masivas tormentas solares para 2012, este escenario es muy posible que se hiciera realidad ese año.

CAPÍTULO SEIS

COLISIÓN CON EL PLANETA X

«Esta es una danza que no terminará hasta que el planeta X haya pasado por la tierra, y haya salido hacia el exterior, dejando la tierra retorcida y conmocionada tras su paso. La tierra no puede escapar, y el progreso del planeta X no se detendrá».

—Nancy Lieder, de su página Web ZetaTalk

Nancy tenía sólo nueve años cuando sucedió todo. Lo que parecía una luz brillante llegó del cielo y se estrelló en el campo que estaba cerca de su casa. Sus padres habían salido de compras, así que Nancy estaba sola para investigar el extraño acontecimiento. A medida que se acercaba al lugar de la colisión, quedó aterrada al ver lo que parecía ser una nave espacial que estaba por encima del suelo. Cuando se abrió una puerta en la nave, Nancy se desvaneció.

Cuando se recuperó, estaba en el interior de la nave y había extraños seres alrededor de ella. Cuando ella intentó hablar, uno de los zetas le dijo que estuviera en silencio. Un largo brazo mecánico con un pequeño artefacto en el extremo comenzó a acercarse cada vez más a su cabeza. Cuando el artefacto tocó su cabeza, ella volvió a quedarse inconsciente.

Cuando despertó, estaba dentro de su casa. Uno de los extraterrestres la estaba colocando con cuidado en la cama. Y después habló: «Nancy, no tengas miedo. Has sido escogida de entre todas las personas en tu planeta para ser nuestra voz en la tierra. Estamos muy preocupados por lo que está sucediendo en tu planeta. El artefacto que hemos puesto en tu cabeza nos permitirá comunicarte mensajes para los terrícolas. ¿Estás dispuesta a ser nuestro vínculo con la tierra, Nancy?».

«Sí», dijo ella, con mucha más calma de la que sentía en su interior. Cuando abrió su boca para hacerles muchas preguntas sobre quiénes eran ellos, de dónde venían y qué querían hacer en la tierra, el extraño ser desapareció. Más adelante le revelaron que venían del sistema estelar Zeta Reticuli. Los zetas se comunicaron con Nancy muchas veces, dándole mensajes de advertencia para las personas de la tierra, pero pocas personas le creyeron.

Otro elemento crucial del movimiento catastrofista de 2012 es la creencia de que habrá una colisión o casi un choque entre la tierra y el planeta X en 2012. El origen de esta preocupación se encuentra en los escritos de Nancy Lieder. Ella afirma que, cuando era niña, unos extraterrestres llamados «zeta» la visitaron e insertaron un artefacto de comunicación en su cerebro. En 1995, Lieder creó una página web llamada «Zeta Talk» para hacer públicos sus mensajes extraterrestres. Alcanzó cierta fama en 1997 por compartir la seguridad de los zeta de que el cometa Hale-Bopp no existía realmente. Cuando el cometa apareció y fue observado claramente en el cielo por dieciocho meses, Lieder cambió esas predicciones en su página web.

Ella sigue insistiendo en que los zetas se habían comunicado con ella con respecto al planeta X, el cual era cuatro veces mayor que la tierra y pasaría muy cerca de la tierra el 27 de mayo de 2003. Los zeta supuestamente le dijeron a Lieder que una casi colisión con el planeta X haría que la tierra dejase de rotar por seis días, y los polos físicos se moverían, produciendo un cambio en el núcleo magnético de la tierra y un violento movimiento de la corteza terrestre.[1] Como ese acontecimiento no sucedió en 2003, Lieder escribió que la primera fecha era sólo una «mentira blanca» pensada para confundir al gobierno y ocultarles la verdadera fecha. Ella prometió que la fecha sería aclarada posteriormente. Lieder cree que el gobierno está sugiriendo otras causas para los desastrosos acontecimientos de 2012 en lugar de admitir que ella tiene razón y que la colisión del planeta X contra la tierra desencadenará las catástrofes:

El enfoque inicial de la conversación sobre los últimos tiempos en los medios de comunicación fue evitar el tema de un planeta que pasaría y atribuir un cataclismo global a todas las demás posibles causas de una destrucción del mundo. La primera distracción de ese tipo a principios de 2007 fue el proyecto Horizon, lleno de miembros del equipo con credenciales de la NASA, quienes afirmaban que las catástrofes en espera iban a ser causadas por el alineamiento de la tierra con el centro galáctico. Según los zetas, el proyecto Horizon iba a señalar al público a cualquier otro lugar *excepto* el planeta X, lo cual era muy evidente para quienes tenían ojos para ver.[2]

ALGUNOS CIENTÍFICOS CONFIRMAN LA PREDICCIÓN DE LIEDER; OTROS LA RECHAZAN

Otros autores han tomado las predicciones de Lieder, han cambiado el nombre del «planeta X» por «planeta Nibiru», y han vinculado su llegada a las profecías de 2012.[3] Han basado ese cambio de nombre en la obra de 1976 de Zecharia Sitchin titulada *The Twelfth Planet [El Duodécimo Planeta]*. En ese libro, basado en mitos sumerios, Sitchin habla de un gran planeta, Niburu, el cual colisiona con otros planetas, creando «todo tipo de consecuencias catastróficas».[4]

El renombrado escritor de ciencia astronómica, Govert Schilling, escribió una fascinante historia de la búsqueda del planeta X por parte de astrónomos muy respetados. Él ofrece conocimiento desde dentro sobre la relación que se produce entre científicos a medida que sopesan la evidencia y proponen teorías prácticas sobre el fenómeno del planeta X. En su libro, Schilling hace una crónica de la obra del astrónomo Daniel Whitmire. Midiendo la irregularidad de los movimientos de los cometas, Whitmire propuso que las órbitas de los cometas estaban siendo influenciadas por el empuje gravitacional de algunos objetos grandes en el espacio. Schilling afirmó que, para Whitmire, «parecía como si los cometas hubieran sido forzados a estar en sus actuales órbitas por el inquietante efecto de un masivo planeta unas mil veces más alejado del sol que Plutón».[5] Schilling también dijo que el astrónomo de Princeton, Piet Hut, estaba de acuerdo en que «un planeta X distante tampoco es completamente imposible».[6]

Schilling dio una irónica descripción de la actual manía por el planeta X y la conspiración del gobierno para mantener oculto el conocimiento de él:

> ¿Planeta X? Ese fue descubierto hace mucho tiempo; pero la NASA lo mantiene en secreto, sin duda en estrecha colaboración con observatorios en todo el mundo. El planeta gira alrededor del sol cada 3600 años en una órbita alargada, y actualmente está en curso de colisionar con la tierra. Los desastrosos portentos de ese inminente encuentro —probablemente en 2012— son visibles en todas partes.

Schilling no cree ni una sola palabra de esa evaluación de catastrofismo en 2012, llamándola «una tontería». En cambio, se quejó:

> Los científicos planetarios están siendo conducidos a la distracción por Nibiru. Al igual que los arqueólogos. Y no es sorprendente; uno dedica tanto tiempo, energía y creatividad a la fascinante investigación científica y se encuentra tras la estela de las cosas más increíbles e interesantes, y todo el público en general se preocupa

por cierta teoría de una fisura, y lápidas de barro, dioses-astronautas y un planeta que no existe. Y cuando uno intenta explicar por qué eso sigue siendo tan sólo una invención, termina en la lista negra de los creyentes considerándolo al servicio de la NASA o la CIA.[7]

Muchos otros destacados científicos han hablado en contra de las predicciones del planeta X/Nibiru. Ellos insisten en que no hay tal planeta y que las afirmaciones con respecto a lo contrario están totalmente infundadas. David Morrison, científico de mayor antigüedad del Instituto de Astrobiología de la NASA, dijo que recibe veinte o más mensajes de correo electrónico por semana acerca de la próxima casi colisión con Nibiru, lo cual a él le resulta ridículo ya que no existe («Pregunte a un astrobiólogo» en la página web de la NASA). La comunidad científica parece estar unida casi unánimemente en su rechazo de las predicciones de casi colisión con el planeta X/Nibiru, pero aun así hay un número muy pequeño de astrónomos que han defendido esa posibilidad con los años.

Schilling hizo una crítica final a las afirmaciones de Nancy Lieder sobre la comunicación extraterrestre. Él explicó que de modo paralelo a esas serias conversaciones entre astrónomos, Nancy Lieder hizo su anuncio de que «el planeta X estaba en camino; pasaría muy cerca de la tierra y causaría un catastrófico cambio de polos». Él reiteró la historia de Lieder de que los zetas se habían puesto en contacto con ella en 1997 diciéndole que el cometa Hale-Bopp «realmente no existía». Él observó que «después del fiasco del Hale-Bopp, alrededor del milenio, Nancy Lieder anunció nuevas revelaciones de los zetas. El planeta X pasaría cerca de la tierra en la primavera del año 2003, causando que su eje se inclinase 90 grados, eliminando al 90% de la humanidad».[8]

Bien, el año 2003 pasó y Lieder insistió en que la fecha de 2003 era para confundir al «gobierno». Ella prometió posteriores revelaciones de los zetas, y, como era de esperar, recibió una: el planeta X alcanzaría la tierra en 2012. Esta supuesta comunicación de los zetas a Lieder «inmediatamente atrajo la atención de excéntricos mayas, quienes han sabido todo el tiempo que algo especial va a suceder el 21 de diciembre de ese año».[9] Obviamente, Schilling no tiene tiempo para Lieder y sus supuestas comunicaciones de los zetas.

Otros, sin embargo, apoyan sus revelaciones. El entusiasta del apocalipsis, Lawrence E. Joseph, afirmó con valentía que «el planeta X, considerado por algunos como el décimo planeta, fue descubierto en 2005 y conocido oficialmente como 2003UB313».[10] Joseph observó que el planeta X «se cree que es un 18% más grande que Plutón... y actualmente está tres veces más alejado del sol».[11] Joseph cree que la órbita del planeta X discurre al azar por el sistema solar y que «tal órbita podría, en teoría, tener repercusiones gravitacionales y electromagnéticas inesperadas».[12]

CONCLUSIÓN

El comentario final de Schilling sobre el fenómeno del planeta X fue tan convincente que merece citarse en su totalidad:

Por tanto, eso significa que hay mucho que hacer para quienes desacreditan: los arqueólogos y astrónomos que echan un largo y escéptico vistazo a la ola de la tontería de Nibiru y explican con precisión científica qué está equivocado en este cuento de hadas cósmico. Ellos verán su trabajo suprimido en los próximos años. Y el día 22 de diciembre de 2012 habrá una nueva historia pseudocientífica circulando, y todo el circo comenzará de nuevo.[13]

Las supuestas comunicaciones de Nancy Lieder de los zetas encajan perfectamente en esa descripción.

CAPÍTULO SIETE

LA ALINEACIÓN DE LA TIERRA CON EL PLANO GALÁCTICO

«Existe el misterioso centro que mantiene a todas las estrellas en órbita sobre sí mismo... nuestro sol orbita y se acerca a este eje solar, tal como se denomina. Es decir, al final de diciembre de cada año, la tierra está directamente detrás del sol con respecto a este Gran Vacío; nuestro sistema solar está siendo atraído cada vez más cerca a este colosal Imán».

—Patrizia Norelli-Bachelet, The Gnostic Circle, citado por Willard Van De Bogart en «The Alignment Generation» (Earthportals.com)

A medida que una multitud de planetas, cometas, asteroides y nubes de polvo se mueven por el espacio, forman una galaxia espiral conocida como la Vía Láctea. En el centro de la galaxia hay un masivo agujero negro que tiene el potencial de tragarse la galaxia entera en su torbellino. La Vía Láctea tiene un ecuador, al igual que lo tiene la tierra, que pasa por el medio de su colección bastante plana de cuerpos celestiales. Astrónomos en todo el mundo han utilizado sus potentes telescopios e intrincadas fórmulas matemáticas para predecir los movimientos de esos cuerpos y la relación entre sus órbitas y la del sistema solar. El joven que trabaja en su escritorio es uno de esos astrónomos. Mientras trabajaba en su computadora, observó que la computadora estaba produciendo una asombrosa conclusión. En el año 2012 el sistema solar se alinearía con el agujero negro que hay en el centro de la galaxia. Se giró hacia el hombre más mayor que estaba en el siguiente escritorio: «¿Podría ser esto correcto, o es esta computadora que otra vez está fallando?».

El astrónomo veterano le aseguró que eso era correcto. Su propia computadora había producido los mismos resultados, pero él no anhelaba compartirlos a menos que alguna otra persona pudiera verificarlos independientemente.

«¿Deberíamos compartir esto con otros astrónomos?».

El hombre mayor aconsejó cautela. Dijo: «Es importante que otros lleguen a las mismas conclusiones que nosotros hemos visto sin ninguna influencia por nuestra parte, para que no parezcamos unos maníacos».

El joven astrónomo estuvo de acuerdo, pero no podía evitar preguntarse qué tipo de efecto podría tener el empuje gravitacional del próximo alineamiento sobre la tierra, sus océanos, y el centro magnético.

El principal defensor de la teoría del alineamiento galáctico como parte del movimiento 2012 ha sido John Major Jenkins. Sus obras más importantes sobre este tema son: *Galactic Alignment, Maya Cosmogenesis 2012,* y *The 2012 Story*. Jenkins describió el próximo alineamiento de nuestro sistema solar con el centro de la Vía Láctea como «el alineamiento del sol del solsticio de diciembre con la grieta oscura [o ecuador galáctico] en la Vía Láctea».[1] Synthia y Colin Andrews han descrito el ecuador galáctico en términos comunes: «Si pensamos en la galaxia como en un panqueque, el plano de la galaxia es el borde del panqueque y el ecuador es la línea que discurre por la mitad del plano, dividiendo el panqueque en mitades superior e inferior».[2]

Él insistió en que el alineamiento galáctico, cuando el sistema solar se alinee con el centro de la Vía Láctea y el sol eclipse el centro de la galaxia, se produce una vez cada veintiséis mil años. Jenkins llegó a la conclusión de que, hace más de mil años, los mayas predijeron la fecha de ese acontecimiento cuando pusieron la fecha final en su calendario en el 21 de diciembre de 2012. Jenkins comentó que es sorprendente que los mayas fueran capaces de predecir tal acontecimiento sin el uso de herramientas modernas como el telescopio.

Utilizando observaciones por sí solas, los mayas identificaron el centro de la galaxia como «el vientre de un inmenso ser embarazado» donde nacen las estrellas.[3] Como lo han resumido los Andrews: «El 21 de diciembre de 2012 es la fecha de un eclipse del centro galáctico por el solsticio de invierno. Esto interrumpirá el flujo de energía desde el centro galáctico hacia la tierra».[4] Los mayas estaban muy preocupados por los posibles efectos de ese bloqueo de energía.

El experto en cultura maya, Gerald Benedict, describió esta «sincronización galáctica», que el antiguo sacerdote/profeta maya, Chilam Balam de Tizimin, predijo: «La tierra y el sistema solar estarán exactamente en línea con el plano de nuestra galaxia: la Vía Láctea. La profecía nos dice que esta sincronización marca el fin de la era de nuestro mundo, y el nacimiento de una nueva era».[5]

Los mayas creían que el centro de la Vía Láctea es «el vientre del mundo, el lugar donde nacen todas las estrellas».[6] Estaban convencidos de que cuando el sistema solar se alinee con ese «vientre», habría efectos muy graves sobre la tierra y sus habitantes.

En su libro, *The 2012 Story*, Jenkins presenta un sólido caso a favor de la interpretación del alineamiento galáctico en 2012.[7] También, en una entrevista sobre ese libro con Mitch Horowitz de *Coast to Coast AM* (10 de septiembre de 2009), Jenkins describió el concepto maya del fin de la era como el fin del ciclo que conduce a una «transformación y renovación» al comenzar un nuevo ciclo. Él explicó que, para los mayas, el final de un ciclo llega cuando la corrupción se ha extendido y hay una necesidad de restaurar las cosas a su estado original. Por tanto, aunque Jenkins está seguro en cuanto a la fecha del 21 de diciembre de 2012 como el fin de un ciclo producido por el alineamiento galáctico, no lo considera el fin del mundo.

EL DEBATE CONTINÚA: ¿DESASTRE, TRANSFORMACIÓN O TODO COMO SIEMPRE?

El científico e ingeniero Jiro Olcott ha establecido la relación entre el alineamiento galáctico y el fin del mundo. En su artículo «2012—Am I Bothered?» (2012: ¿Estoy preocupado?)[8] Olcott afirmó: «Nuestro sistema solar está ahora al borde de cruzar el plano eclíptico de la Vía Láctea [el grupo relativamente plano de cuerpos orbitantes en el centro de la galaxia]. Cruzará en el año 2012. En este punto, la influencia gravitacional del supermasivo

Agujero Negro estará en su máximo». Él predijo que los resultados de ese alineamiento, que ya ha comenzado, con «huracanes, tormentas y terremotos/tsunamis alrededor del mundo... alcanzarán un crescendo en 2012».

El autor Daniel Pinchbeck comparte la perspectiva de John Major Jenkins de que el alineamiento galáctico en 2012 producirá un cambio en la conciencia, no un apocalipsis (ver el libro de Pinchbeck, *2012: The Return of Quetzalcoatl*). Otros teóricos de la Nueva Era como José Argüelles sostienen el mismo punto de vista de los pacíficos y beneficiosos efectos del alineamiento galáctico en 2012. Lo consideran un precursor de un nuevo nacimiento para la civilización humana, y no el final de ella.

Al mismo tiempo, Lawrence E. Joseph y otros han propuesto una perspectiva intermedia que evita la idea de una intersección galáctica o «cruce», pero sí insisten en que la tierra está a punto de atravesar una «nube cósmica» de energía. Joseph describió esa realidad en términos metafóricos: «Todos somos pasajeros en un avión, el sistema solar, y nuestro avión se mueve hacia un clima tormentoso: turbulencia interestelar, para ser exactos».[9] Basando sus conclusiones en la obra del famoso geofísico ruso Alexey Dmitriev, Joseph concluyó que nuestro sistema solar pronto será inundado por las ondas de choque producidas por una inmensa «nube de energía interestelar».[10]

Dmitriev describió la situación: «Los efectos aquí en la tierra [por pasar a la nube de energía interestelar] han de encontrarse en la aceleración del cambio de polo magnético, en la distribución del contenido de ozono horizontal y vertical, y en la mayor frecuencia y magnitud de importantes eventos climáticos catastróficos».[11] Las teorías de Dmitriev predicen próximas catástrofes, pero no dicen que resultarán del alineamiento con el centro de la galaxia o por atravesarla. En cambio, Dmitriev (y Joseph) están prediciendo una tercera opción: la tierra atravesando una inmensa nube de energía interestelar, con directas consecuencias posteriores.

El doctor David Morrison, científico jefe en el Instituto de Astrobiología de la NASA, ha dado una respuesta decisiva a la pregunta planteada por las teorías sobre el alineamiento galácti- co. Él afirmó que eso conlleva dos problemas. Un problema es «el alineamiento [no la intersección] de la tierra y el sol con el centro de la Vía Láctea... [que se produce] cada diciembre, sin malas consecuencias, y no hay razón para esperar que 2012 sea diferente a cualquier otro año» («Ask an Astrobiologist» en *NASA. gov*). El otro problema es si el sistema solar pasará o no por el plano galáctico, haciendo intersección con él en 2012, causando terrible destrucción en la tierra. Morrison simplemente respon- dió: «Las afirmaciones sobre que estamos a punto de cruzar el plano galáctico son falsas... todo el miedo por el "alineamiento galáctico" es una locura» y es una táctica alarmista ideada por «timadores».

Morrison destacó que el sistema solar está orbitando el plano galáctico a una distancia de veinte a cien años luz. Él afirmó:

No hay evidencia de que estemos en el plano galáctico o a punto de cruzarlo. El intervalo entre cruces es de unos 30 millones de años. Más concretamente, no hay importancia física en cruzar el plano galáctico. La idea de que cruzar el plano (que podría tomar un millón de años) nos sujeta a algunas fuerzas especiales (o peligros) es sólo pseudo-ciencia. Una lección que espero que todos tomen de la actual necedad de la Internet sobre 2012 es que los denominados alineamientos, ya sea de planetas, o del sol, o de cualquier otra cosa, no son ninguna amenaza ni tienen realmente ningún interés científico. (*NASA.gov*—«Ask an Astrobiologist»)

El alineamiento galáctico del sistema solar con el centro de la Vía Láctea el 21 de diciembre de 2012 es un hecho (¡se produce cada diciembre!). La intersección galáctica en la cual el sistema solar atraviesa el centro de la Vía Láctea es un mito; no tendrá lugar.

Las afirmaciones de Morrison han aplastado efectivamente cualquier teoría sobre un destructivo alineamiento galáctico o intersección en 2012 en la mayoría de las personas interesadas en este tema. Las credenciales científicas de Morrison como astrobiólogo de la NASA aventajan en años luz a las que posee Jiro Olcott, que es básicamente un ingeniero que lanza increíbles teorías sobre la eficacia de la varilla de zahorí para encontrar aguas subterráneas y la influencia de energías místicas en los líderes espirituales como los druidas en ciertas religiones de Inglaterra. Él cree que los druidas tenían especiales poderes psíquicos porque «las células de su cuerpo están expuestas a un nivel máximo de energía. La estructura de cristal líquido de miles de millones de células en sus cuerpos resuena con la energía que emana de las fallas… que influencian sus puntos chakra».[12]

CONCLUSIÓN

Baste con decir que Morrison es miembro del Instituto de Astrobiología de la NASA, mientras que Olcott es miembro de la Sociedad Británica de Zahoríes. El lector es libre para escoger qué autoridad sobre esta materia es más creíble. Este escritor se inclina definitivamente hacia Morrison. El alineamiento de nuestro sistema solar con el centro de la Vía Láctea se producirá en diciembre de 2012 —como se produce cada diciembre— sin efectos negativos.

CAPÍTULO OCHO

ERUPCIÓN DEL SUPERVOLCÁN

«La erupción de un supervolcán "tarde o temprano" enfriará el planeta y amenazará a la civilización humana».

—Sociedad Geológica de Londres, 2005

La sesión informativa de Peter en la estación del guardabosques en Yellowstone estaba siendo estupenda. El guardabosques principal parecía tener verdadera confianza en
que Peter podía hacer el trabajo, aunque era su primer
verano en Yellowstone. Llevó a Peter a cada una de las principales atracciones turísticas, dándole hechos interesantes
sobre cada una para que Peter pudiera compartirlos con los
visitantes del parque. Finalmente, llegaron a la atracción
más famosa del parque —«Old Faithful»—, el géiser que
expulsa agua caliente con la exactitud de un reloj. El guardabosques explicó que Old Faithful hace erupción cada 92
minutos, enviando un chorro de agua caliente hasta una
altura de 54 metros. Expulsa hasta treinta mil litros de agua
supercaliente con una temperatura que alcanza los 117
grados centígrados.[1]

Peter preguntó: «Jefe, ¿qué causa que el agua explote
así?».

La cara del guardabosques se puso muy seria y dijo en
voz baja: «Peter, esto es algo que nunca debes compartir
con nuestros visitantes. Sólo los guardabosques pueden
saberlo, pues asustaría a quienes visitan el parque y se
irían».

Peter dijo: «Muy bien, ¿qué es?».

El guardabosques comenzó: «Lo que hace que el géiser expulse el agua es un inmenso volcán que está bajo el parque. Es el volcán activo más grande del mundo, y podría entrar en erupción en cualquier momento».

Peter le preguntó: «¿Es seguro estar aquí? ¿Qué debería hacer si entra en erupción?».

El viejo guardabosques le sonrió: "Hijo, si entra en erupción, no hay nada que tú puedas hacer. Tú, junto con todo lo que haya en un radio de cincuenta kilómetros del parque, quedará convertido en cenizas. Pero recuerda que esto sólo tú debes saberlo. No queremos asustar a los turistas. Si ellos preguntan al respecto, envíamelos a mí».

Peter asintió, pero en su corazón se preguntaba si alguna vez volvería a sentirse seguro en el parque.

La fuente de calor de los manantiales y géiseres termales del parque nacional de Yellowstone es lo que muchos han denominado «el volcán activo más grande, potencialmente más explosivo, más violento y más mortal del planeta».[2] Algunos geólogos creen que podría hacer erupción pronto, devastando el planeta. Lawrence E. Joseph describió los posibles resultados de una erupción en Yellowstone: «El hecho es que podría hacer erupción en cualquier momento, llenando la atmósfera de ácido sulfúrico y ceniza, y llevando al planeta a una catástrofe de tipo invierno nuclear, atacando la economía y la agricultura tan gravemente que podría ser que la civilización nunca volviese a emerger».[3]

El experto en volcanes, Greg Breining, observó que cuando Yellowstone hizo erupción la primera de tres veces, hace unos dos millones de años, expulsó «un bloque de roca de más de doce por doce kilómetros en su base, y más de doce kilómetros de altura: una montaña mucho más inmensa que el Everest».[4] El potencial destructivo del volcán de Yellowstone es asombroso.

Los geólogos en el observatorio de volcanes de Yellowstone registraron novecientos terremotos en Yellowstone entre el breve periodo del 26 de diciembre de 2008 y el 8 de enero de 2009. A esto se le conoce como «tropel de terremotos». La acción volcánica con frecuencia produce terremotos. A medida que el magma vacía grandes cavernas subterráneas, la corteza encima de la caverna cae a la caverna, produciendo un terremoto.[5] Los geólogos en el observatorio de volcanes de Yellowstone, sin embargo, se apresuraron a añadir: «En este momento, no hay razón para creer que el magma se haya elevado a un nivel poco profundo dentro de la corteza o que sea probable una erupción volcánica».[6]

Aun así, los supervolcanes suponen una verdadera amenaza para la vida en la tierra. El experto en volcanes, Stephen Self, de la Sociedad Geológica de Londres, observó: «las supererupciones son hasta cien veces mayores que estas [erupciones volcánicas como Krakatoa]».[7] El sondeo geológico de Estados Unidos describió la erupción del monte St. Helens, el cual mató a cincuenta y siete personas y causó daños valorados en tres mil millones de dólares, como «el peor desastre volcánico en la historia registrada de Estados Unidos. La erupción del volcán del Yellowstone sería, de hecho, mil veces más potente que la erupción del monte St. Helens en 1980».[8]

Self y sus colegas en la Sociedad Geológica de Londres informaron al Grupo de Trabajo sobre Riesgos Naturales del gobierno del Reino Unido de que «un área del tamaño de Norteamérica puede ser destruida, y un pronunciado deterioro del clima global podría esperarse durante unos años después de la erupción [de un supervolcán]. Podría dar como resultado la devastación de la agricultura mundial, una grave interrupción de las provisiones de alimentos, y una hambruna masiva». Self concluyó su informe al Grupo de Trabajo sobre Riesgos Naturales diciendo: «La erupción de un supervolcán "tarde o temprano" enfriará el planeta y amenazará a la civilización humana».[9]

El colega de Self, Stephen Sparks de la universidad de Bristol, colaboró en el informe, añadiendo: «Aunque muy raros, estos eventos son inevitables, y en algún punto en el futuro los seres humanos se enfrentarán a tener que tratar con la supervivencia en una supererupción». Los científicos que realizaron el estudio para el Grupo de Trabajo sobre Riesgos Naturales subrayaron la vulnerabilidad de los seres humanos ante un supervolcán: «Aunque puede que en un futuro sea posible desviar asteroides o evitar de alguna manera su impacto, ni la ciencia ficción puede producir un mecanismo creíble para evitar una supererupción. No puede idearse ninguna estrategia para reducir la potencia de importantes erupciones volcánicas».[10]

John Rennie de la revista *Scientific America* ha explicado que también hay docenas de supervolcanes en los océanos del mundo, los cuales tienen un potencial de erupción miles de veces mayor que la bomba lanzada sobre Hiroshima. Él afirmó que la erupción de esos volcanes sub-oceánicos podría producir mortales tsunamis alrededor del mundo. Rennie también aclaró que si se produce una supererupción en Yellowstone, los gases muy calientes y las cenizas de ese volcán invadirían el aire en Estados Unidos y enterrarían al país entero bajo varios metros de ceniza fundida. Además, la nube de ceniza y de gases se extendería por todo el mundo, evitando que los rayos del sol llegasen al planeta.[11] Este fenómeno se conoce como «invierno volcánico global», y podría durar décadas tras la erupción inicial.[12]

La caldera volcánica en Yellowstone mide ochenta kilómetros por cincuenta: «el tamaño de la ciudad de Tokio».[13] Su superficie ha comenzado a expandirse y contraerse recientemente, «como el pecho de un hombre jadeante».[14] El calentamiento del volcán que hay debajo podría estar causando este aumento de presión por debajo de la caldera. Está claro que hay «una enorme reserva de magma por debajo de Yellowstone» que podría hacer erupción en cualquier momento.[15]

El experto en volcanes, Greg Breining, hizo la penetrante pregunta: «Por devastadora que pudiera ser una erupción de Yellowstone, ¿cuáles son las posibilidades de que alguna vez se produzca?». Su respuesta fue: «Muy buenas, en realidad. Los científicos dicen que otra erupción es inevitable».[16] Esta es una clara posibilidad, ya que la desastrosa cadena de acontecimientos precipitada por las tormentas solares en 2012 realmente podría producir erupciones volcánicas debido al calentamiento del núcleo de la tierra.[17]

Yo estaba en Colombia, Sudamérica, cuando el volcán Nevado del Ruiz hizo erupción en 1985. No hubo advertencia alguna. Los residentes de la ciudad de Armero fueron despertados en la noche por el sonido de la lava y los corrimientos de lodo a medida que descendían por la montaña y cubrían la ciudad a una profundidad de más de seis metros. Murieron más de veintitrés mil personas aquella noche cuando el lodo, el agua y la lava cubrieron su ciudad en cuestión de minutos.

Esa cifra representa tres cuartas partes de la población total de la ciudad. Más adelante, estuve en el lugar donde solía estar Armero. Vi un objeto puntiagudo sobresaliendo entre el lodo al lado de mis pies. Pregunté a un amigo colombiano qué era, y él respondió: «Es la aguja de la torre de la iglesia católica».

Si un volcán relativamente pequeño como el que golpeó Armero puede causar tanto daño y matar a tantas personas, odio pensar lo que podría hacer un supervolcán. Michael Rampino, profesor asociado de la Universidad de Nueva York de ciencias de la tierra y del medioambiente, dijo que el número de víctimas de una erupción en Yellowstone podría llegar a los mil millones de personas.[18]

EL VOLCÁN DE YELLOWSTONE Y AL-QAEDA

Un inquietante giro inesperado de las predicciones del supervolcán apareció en un informe sobre las bombas en Madrid el 11 de marzo de 2004. Según la página web *articlesbase.com* y su informe «El supervolcán de Yellowstone» (26 enero, 2008), los terroristas de Al-Qaeda que pusieron las bombas en los trenes de Madrid en 2004 dejaron un mensaje amenazando con hacer estallar un artefacto nuclear en el lago Yellowstone para causar la erupción de ese supervolcán (también confirmado por *HomelandSecurityUS.net*). Esa es una idea que da que pensar. La posibilidad de una supererupción espontánea en Yellowstone ha producido una grave preocupación y temor, pero el escenario de una erupción planeada producida por la detonación de un artefacto nuclear en esa olla a presión es aún más asombroso.

¿Es inminente la erupción del supervolcán bajo el parque nacional Yellowstone? Nadie lo sabe. Informes sobre una mayor actividad volcánica bajo la olla a presión parecen indicar con bastante claridad que la presión está aumentando; pero cuándo podría tener lugar esa erupción no se sabe. El experto en

Yellowstone, Greg Breining, comentó sobre esa posibilidad: «Lo que es incitante —y un poco alarmante— considerar es los momentos de las supererupciones en Yellowstone: hace 2.1 millones de años, 1.3 millones, y 640 000 años. Los intervalos son de 0 a 800 000 años. Eso sugiere que se acerca otra explosión; y, en tiempo geológico, ¡pronto!».[19]

CONCLUSIÓN

Los científicos en el observatorio de volcanes en Yellowstone están cuidadosamente al tanto de los desarrollos que se producen en el parque, pero en el momento en que el volcán comience a entrar en erupción, será demasiado tarde para hacer nada al respecto. Como destacó el geólogo Robert Christiansen, del Sondeo Geológico de Estados Unidos, «Millones de personas llegan a Yellowstone cada año para ver el maravilloso paisaje, la vida salvaje, y todo; sin embargo, está claro que muy pocas realmente entienden que están aquí sobre un gigante durmiente».[20] La erupción del supervolcán de Yellowstone, y otros como él, es una posibilidad real en el futuro, especialmente si llamaradas solares en 2012 calientan el núcleo de la tierra causando múltiples erupciones. Esta amenaza es real.

CAPÍTULO NUEVE

EL PROYECTO WEB BOT

«Hacemos una predicción o anticipación de futuros eventos basados en sutiles cambios en el lenguaje a medida que esos cambios se manifiestan en la Internet en conversaciones normales. A medida que las personas hablan de las cosas corrientes de la vida, tienen tendencia a filtrar pequeñas pistas clarividentes en cuanto a lo que tendrá el futuro para todos nosotros».

—Clif High, fundador del Web Bot Project, en The Veritas Show con el entrevistador Mel Fabregas, 5 de mayo de 2009

Steve encendió la computadora para realizar su listado diario de datos recopilados la noche anterior por los robots araña del proyecto Web Bot. Habían estado avanzando por la Internet, recopilando datos sobre los términos que habían sido programados para investigar. Pero hoy había una nueva carpeta en los datos. Los robots habían encontrado más de dieciséis mil entradas de los mismos cuatro términos: «¡Destrucción total en 2012!». Steve no podía creer lo que veía. Entrada tras entrada registraba el mismo mensaje: «Destrucción total en 2012». Él nunca antes había visto un mensaje como ese de los robots del proyecto Web Bot. ¿Qué podría significar?

Escribió un mensaje de correo electrónico a su supervisor: «Nuevo mensaje en la carpeta de Web Bot 60712: "Destrucción total en 2012". ¿Qué debería hacer con ella?».

Unos minutos después, la respuesta por correo electrónico de su supervisor decía: «Ejecuta otra vez; eso no tiene ningún sentido».

Steve ejecutó de nuevo la recopilación de datos y entonces escribió a su supervisor: «Aparecen los mismos cuatro términos: "Destrucción total en 2012"; pero amplié los parámetros y apareció un cuarto término: ¡"catástrofe"!».

El supervisor ocultó su cara entre sus manos y pensó en sus tres nietos pequeños, quienes puede que nunca tuvieran la oportunidad de crecer.

Los creyentes en la catástrofe de 2012 han encontrado dos aliados en la Internet para fomentar sus predicciones del fin del mundo en 2012. Clif High y su asociado, George Ure, han desarrollado un programa de software que afirman que puede predecir eventos futuros rastreando palabras clave en la Internet. El programa de software utiliza «arañas en la web» para buscar en la Internet unas trescientas mil palabras clave que tengan un «contexto emocional». Entonces registra las palabras que preceden y siguen a las palabras designadas «que reflejan los procesos de pensamiento de la gente».[1] El uso de «bots» (robots) hace posible realizar tareas sencillas y repetitivas muchas veces más rápido de lo que un ser humano puede realizar. Los bots buscan lo que están programados para buscar y crean una carpeta con la información requerida. Algunas empresas en la web han utilizado bots para rastrear el uso de blasfemias en línea. Originalmente diseñado en 1997 para predecir movimientos de la Bolsa de Valores, el programa de Clif High ahora se está utilizando para predecir acontecimientos futuros en general.

PREDICCIONES DEL WEB BOT

Según High y Ure, el programa Web Bot ha predicho con exactitud lo siguiente:

- Los ataques del 11 de septiembre (el programa predijo un evento que cambiaría el mundo en los noventa días posteriores a junio de 2001).

- El choque del vuelo 587 de American Airlines.

- El desastre del transbordador espacial Columbia.

- El apagón de 2003 en el noreste de Estados Unidos.

- El terremoto de 2004 en el Océano Índico.

- El huracán Katrina.

- El accidente de caza de Dick Cheney.

Expertos independientes no han confirmado esas predicciones como anunciadas específicamente antes de que tuvieran lugar los acontecimientos. El proyecto Web Bot también hizo varias predicciones que no se cumplieron. El proyecto Web Bot predijo que un acontecimiento catastrófico destruiría el planeta en 2012. El proyecto no predice el fin del mundo en 2012, pero los entusiastas de la catástrofe ven sus predicciones para ese año como otro ejemplo de la convergencia de predicciones para el fin en 2012.

CRÍTICAS AL PROYECTO WEB BOT

Críticos del proyecto Web Bot y las predicciones de High y Ure destacan que sus resultados están basados en profecías que se cumplen por sí mismas. Por ejemplo, cuando se da demasiado bombo en la Internet al acontecimiento catastrófico de 2012, hay más visitas sobre el tema por parte de las arañas web que High y Ure utilizan. Lejos de predecir acontecimientos futuros, los críticos dicen que el proyecto Web Bot tan sólo refleja los temores e intereses de personas que se comunican en línea. También han afirmado que las predicciones del Web Bot son «tan vagas como sin sentido, permitiendo que los creyentes hagan encajar los hechos con las predicciones después de que se produzca el evento».[2] Las siguientes son algunas «predicciones» típicas del Web Bot:

- 2003—«un importante desastre marítimo»; un ataque al Congreso.

- 2004—un terremoto con aguas crecientes;

- 2008—«el ánimo de la población mejorará tras las elecciones presidenciales»;

- 2009—un evento costero global, y «secretos del gobierno serán revelados».[3]

Parece patentemente obvio que muchas de esas «predicciones» son como el adivino que mira la palma de la mano de una joven y le dice que conocerá a un extraño alto y moreno, o que se encontrará un dinero inesperado, o que tendrá un problema de salud. Hay solamente una palabra apropiada para ese tipo de supuesta predicción: ¡*Estupidez!*

El ingeniero informático Ben Tremblay ha resumido lo que él considera el problema básico del proyecto Web Bot:

Al estar en el campo de la ingeniería informática, creo que puedo ver dónde tendrá éxito el Web Bot y dónde fallará... Bien, esencialmente, cualquier cosa «hecha por el hombre» podría predecirse de alguna manera, y cualquier cosa sobre la que el hombre no tenga control no puede predecirse... Cuantos más datos tiene el Web Bot que señalan hacia 2012, sólo significa que cada vez más personas están publicando cosas sobre 2012 y sobre el fin del mundo. Recordemos que lo único que pueden rastrear es la Internet, y lo que uno encuentra en la Internet fue creado por personas reales, y no por Dios.[4]

CONCLUSIÓN

El proyecto Web Bot sólo puede predecir aquello sobre lo cual las personas están interesadas en escribir en la Internet. No puede predecir acontecimientos futuros; sólo puede registrar el interés de la gente en acontecimientos futuros. El experto apocalíptico Mark Hitchcock comentó de modo humorístico: «Me gustaría ver cómo le fue al Web Bot antes de la caída libre del mercado de valores en 2008. Si el Web Bot hubiera anunciado esa caída, podría habernos ahorrado mucho dinero a muchos».[5]

Para predecir el 2012, el proyecto Web Bot no tiene mucha utilidad.

CAPÍTULO DIEZ

PREDICCIONES RELIGIOSAS DEL FIN DEL MUNDO

«Y fueron desatados los cuatro ángeles que estaban preparados para la hora, día, mes y año, a fin de matar a la tercera parte de los hombres... Y las cabezas de los caballos eran como cabezas de leones; y de su boca salían fuego, humo y azufre».

—Juan el apóstol, Apocalipsis 9.15–17

Los romanos habían capturado al apóstol Juan por predicar el evangelio de Jesús. Los romanos consideraban a los cristianos culpables de alta traición porque ellos no reconocían al emperador romano como Señor; ellos reservaban ese título sólo para Jesús. Muchos de los discípulos ya habían sido asesinados, pero quizá los romanos se apiadaron de Juan porque él era un anciano, de unos noventa años. Por tanto, en lugar de matarlo, lo exiliaron a la pequeña isla de Patmos en el mar Egeo, al oeste de Atenas. Los rudos soldados lo lanzaron a la arenosa playa de Patmos y le dijeron que encontrase su propia comida y alojamiento en la isla lo mejor que pudiese.

Juan les aseguró: «El Señor me ha enviado aquí, y Él me mostrará qué hacer».

Pasaron los meses y Juan encontró la vida en Patmos difícil y aburrida. Un domingo en la tarde, mientras estaba sentado en la cueva que usaba como refugio, Juan se vio abrumado por una visitación del Espíritu Santo y recibió una revelación de Jesucristo acerca del futuro. A medida que se desvelaba la visión, Juan vio a Jesús, ángeles, el trono de Dios, el cielo, y la destrucción del mundo. Cuando terminó la visitación, Juan recogió pedazos de papel y otros materiales donde poder escribir y registró todo lo que había visto y oído.

Los cuadros que sus palabras pintan del fin del mundo son aterradores.

Él vio multitudes de personas en agonía, grandes terremotos, intensos incendios, oscuridad por un eclipse del sol, feroces bestias atacando a la humanidad, plagas, masivos relámpagos golpeando la tierra y, finalmente, la triunfante batalla de Armagedón, en la cual Jesucristo derrota a los enemigos de Dios.

Cuando terminó de escribir, Juan pensó: ¡Ahora sé por qué Dios me envió a este lugar!

Hay multitud de profecías futuristas acerca del fin del planeta que provienen de las religiones del mundo. Algunas son muy específicas en cuanto a la fecha de la catástrofe, pero otras solamente dan una descripción general de lo que sucederá cuando el mundo termine. Ya sean generales o específicas, estas profecías del fin del mundo han añadido leña al fuego de las predicciones catastrofistas de 2012.

PREDICCIONES SOBRE 2012 BASADAS EN EL I CHING CHINO

Dos hermanos, Terence y Dennis McKenna, han ideado un nuevo estudio matemático del famoso documento de adivinación de cinco mil años, *I Ching*, el cual creen que muestra un patrón de altibajos en la historia del mundo. Terence McKenna describió el *I Ching* como «una herramienta matemática adivinatoria [reveladora del futuro]» y «una parte centralmente importante de la herencia chamanista de la humanidad».[1] Según Lloyd Hildebrand, el título *I Ching* «significa libro de cambios... [y su tema es] el equilibrio dinámico de opuestos, la evolución de los eventos como un proceso, y la aceptación de la inevitabilidad del cambio».[2]

En el libro de los hermanos McKenna, *The Invisible Landscape: Mind, Hallucinogens and the I Ching* [El paisaje invisible: mente, alucinógenos y el I Ching], ellos compartieron su metodología para convertir lo que vieron en el *I Ching* en una fórmula matemática que podía utilizarse para entender acontecimientos del pasado y predecir otros futuros. Llamaron el programa de computadora basado en esa fórmula matemática *Timewave Zero* [Onda de tiempo Cero], y afirmaron que «el software toma estas teorías y descubrimientos con respecto al *I Ching* y crea mapas de tiempo basados en ellos».[3] Los McKenna identificaron mapas de ondas de tiempo en la historia que muestran la novedad de eventos que hicieron que el entendimiento humano progresara marcadamente, como la llegada del lenguaje en los homínidos, la imprenta, la era de las computadoras, y el extenso uso de drogas psicodélicas en los últimos cincuenta años.

Mediante el uso de esta fórmula, Terence y Dennis se las arreglaron para encontrar la fecha del fin de la historia del mundo. Terence predijo: «Pronto hemos de ser tragados en la eternidad. Mi modelo señala a las 11:18 de la mañana, hora de Greenwich, del 21 de diciembre del año 2012 d.C.»[4] Terence insistía en que «llegamos a esta fecha final concreta sin tener conocimiento del calendario maya».[5] Sostuvo que después de que su hermano y él hubieran discernido la fecha del fin por sus cálculos *I Ching* fue cuando descubrieron que su fecha del fin era exactamente la misma que la fecha del fin del calendario maya.[6]

Los McKenna produjeron varios esquemas para proporcionar una perspectiva del panorama de los cálculos de *Timewave Zero* desde el *Big Bang* hasta el fin del mundo. Uno de los esquemas comienza el tiempo con el evento del *Big Bang* y después termina con la fecha final del 21 de diciembre de 2012. Según los cálculos de los McKenna, cada punto en el cual la onda de tiempo cae en la escala de novedad, algo especialmente significativo y radicalmente nuevo tiene lugar en la historia de la humanidad. Su creencia es que es posible identificar puntos de «novedad» (un nuevo cambio de paradigma en el entendimiento y la conciencia humanos) en la historia del pasado con el uso de sus cálculos *I Ching*, y también es posible predecir futuros períodos de novedad que pueden suceder.

EL DESCUBRIMIENTO DE LOS MCKENNA DE TIMEWAVE ZERO INDUCIDO POR LAS DROGAS

En 1971, Terence McKenna y su hermano Dennis viajaron a Colombia, Sudamérica, en busca del psicodélico natural *oo-koo-hé*. No encontraron esa droga, pero sí encontraron los hongos psicodélicos conocidos como *Stropharia cubensis*.[7] Bajo la influencia de un estado psicodélico, Terence tuvo una vívida experiencia, la cual describió: «Aparentemente yo había evolucionado a cierto tipo de portavoz para el Logos encarnado».[8] Después de regresar de Colombia, comenzó a hablar en conferencias por todo el mundo promocionando la conciencia más elevada que él creía que podía llegar por medio «del poder y la promesa de dimensiones psicodélicas».[9]

El contexto de la revelación que Terence McKenna afirmó haber recibido durante su estado inducido por las drogas gira en torno a tres conceptos clave: la lucha novedad/hábito, la concrescencia venidera, y una conciencia expandida mediante las drogas psicodélicas. McKenna describió toda la historia humana como una lucha entre novedad y hábito. *Hábito* es el punto de vista de status quo acerca de la vida, en el cual las personas se limitan a sí mismas mediante un compromiso con la racionalidad y las cosas como siempre son. La *novedad* se produce cuando las personas se abren a nuevas posibilidades, intercambiando su entendimiento normal y racional de la realidad por un entendimiento expandido

basado en la alucinación y las experiencias espirituales trascen-
dentales. Al igual que para hindúes y budistas, para McKenna el
verdadero conocimiento solamente llega cuando una persona
escapa a los lazos del pensamiento racional y experimenta el
conocimiento que proviene de las experiencias extáticas.

El concepto que McKenna tiene de «concrescencia» es un
estado de existencia humana en el cual

> «no habrá límites, solamente eternidad a medida que
> todos nos convirtamos en espacio y tiempo, vivos y
> muertos, aquí y allá, antes y después. Debido a que esta
> singularidad puede coexistir de manera simultánea en
> estados que son contradictorios, es algo que trasciende a
> la comprensión racional».[10]

McKenna resumió ese estado ideal como amor: «Un aprecio
incondicional, un afecto incondicional que traspasa toda la vida
y toda la materia y les da significado».[11]

McKenna creía que toda la humanidad está siendo atraída
hacia el estado de ser en el cual el verdadero entendimiento
llega mediante alucinaciones y el contacto con seres espirituales
avanzados. Es interesante ver lo similares que son las perspectivas de McKenna a las definiciones clásicas budistas del *Nirvana*,
el cual él había estudiado. Investigadores religiosos como Jim y
Barbara Willis afirmaron que en el budismo: «Buda ahora está

atrayendo todas las cosas al Nirvana, el lugar sin dimensión y sin masa, el lugar más allá de todas las parejas de opuestos, la eterna conciencia de la cual provienen todas las cosas y a la cual regresan todas las cosas».[12] Los puntos de vista de McKenna son una combinación de budismo, chamanismo indígena y conceptos de la Nueva Era.

Finalmente, el lugar de conciencia expandida mediante el uso de drogas psicodélicas es central para su perspectiva. McKenna escribió: «Por miles de años las visiones impartidas por hongos alucinógenos han sido buscadas y reverenciadas como un verdadero misterio religioso. Gran parte de mi pensamiento a lo largo de los últimos veinte años o más ha estado en describir y contemplar este misterio».[13] Las experiencias de McKenna con varias drogas psicodélicas le convencieron de que el único camino hacia la plena iluminación de los seres humanos era mediante sus potentes efectos.

Él describió una de sus experiencias inducida por drogas, hablando de su encuentro con seres similares a elfos:

Todos charlotean, chirrían, se pisotean unos a otros, reclamando tu atención, y bajo condiciones suficientemente exageradas, uno es capaz de responder en cierto tipo de glosolalia espontánea [hablar en lenguas]. Se requiere un poco de arte para realizar esta peculiar corriente pseudolingüística de sílabas, y cuando uno está colocado es una experiencia increíblemente placentera.[14]

McKenna pensaba que el consumo de drogas psicodélicas era tan crucial para el avance de la humanidad que creía que causaban el salto evolutivo de simios a humanos: «El catalizador crítico que nos impulsó fuera de la línea homínida en lenta evolución... fue probablemente la inclusión de plantas psicodélicas en nuestra dieta».[15] Al final de su artículo, «Approaching Timewave Zero», McKenna hizo su apelación final:

Uno no tiene que esperar hasta el fin del mundo para obtener esta noticia; tan sólo puede evitar la marcha colectiva hacia la comprensión acelerando su propio microcosmos de espiritualidad mediante el uso de alucinógenos. Ellos son las puertas que la mente gaiana ha instalado en el proceso histórico para permitir salir a cualquiera en cualquier momento que quiera, dado que tengan la valentía de girar la manilla y de salir por la puerta.[16]

Terence McKenna murió en el año 2000, pero sus teorías y cálculos han perdurado en la obra de su hermano Dennis. El interés de los defensores de 2012 en sus descubrimientos alucinógenos ha creado una renovada atención hacia su obra. Aunque Terence afirmó tener la fecha del fin, 21 de diciembre de 2012, sin ningún conocimiento de que hubiera la misma fecha del fin en el calendario maya, algunos de sus críticos insisten en que él adoptó esa fecha exacta sólo después de haber sido expuesto a las predicciones del calendario maya.[17] Lloyd Hildebrand resumió las conclusiones de los McKenna en una pregunta: «¿Tendrá lugar un apocalipsis destructivo el 21 de diciembre de 2012, o entraremos en una fase totalmente nueva de existencia: la unión de espíritu y materia?».[18]

La obra de los hermanos McKenna ha servido como una confirmación más para muchos entusiastas de 2012 de que algo de proporciones colosales ocurrirá el 21-12-12, algo nunca antes visto en el mundo, y quizá el fin del mundo tal como lo conocemos. Su uso de drogas psicodélicas como la base para sus teorías, sin embargo, no le da crédito a sus conclusiones.

PROFECÍAS ISLÁMICAS DEL FIN DEL MUNDO

Aunque Mahoma nunca predijo una fecha exacta para el fin del mundo, sí ofreció varias profecías en el Corán con respecto a las señales que precederían al fin del mundo. Él profetizó que la tierra y las montañas serán «totalmente aplastadas» (Sura 69.13-15); «la luna quedará hecha pedazos, perderá su órbita y quedará alterada» (54.1);[19] y «Jesús, cuyo retorno a la tierra será la señal de que se avecina el juicio y de que la hora final es ciertamente inminente» (43.61). Según Lloyd Hildebrand, Mahoma también se refirió repetidamente a eventos del fin como calentamiento global, graves terremotos, un eclipse de sol, estrellas que caen, montañas que se mueven, y el sol saliendo por el oeste.[20]

Muchos musulmanes modernos han aceptado la idea de que el fin del mundo está precedido por la aniquilación de los judíos: «la carta de fundación de Hamás de 1988, artículo siete, afirma explícitamente que la organización busca "implementar la promesa de Alá" tal como fue comunicada a Mahoma, que el día del juicio no llegará hasta que los musulmanes hayan matado a todos los judíos».[21] Muchos de los terroristas musulmanes creen firmemente que matando a judíos y estadounidenses están apresurando el día del juicio, cuando el mesías musulmán («el Mahdi») regresará con Jesús a su lado y establecerá un imperio musulmán mundial antes de que tenga lugar el fin del mundo.[22]

Muchos terroristas incluso creen que Osama bin Laden es el «Mahdi» prometido y que están ayudándole a provocar el día del juicio mediante sus ataques violentos.[23] Según Hildebrand, un clérigo musulmán actual, Safar, Ibn Abd Al-Rahman Al-Hawali, utilizó la profecía de Daniel de que el fin del mundo tiene lugar cuarenta y cinco años después de «la abominación desoladora» para precisar la fecha. Él insistió en que la abominación tuvo lugar en 1967, y presentó esta fórmula: 1967 + 45 = 2012.[24]

ENSEÑANZAS HINDÚES SOBRE EL FIN DEL MUNDO

La escatología hindú enseña que estamos viviendo en la etapa final de la existencia de la tierra tal como es ahora: «el Kali

Yuga».[25] Los hindúes ven la historia como un ciclo repetitivo de nacimiento, crecimiento, corrupción, muerte y renacimiento, paralelo a esa misma secuencia en las vidas de los seres humanos, pero a un nivel cósmico. Las escrituras hindúes, especialmente el *Bhagavad Gita*, describen la etapa final de la era actual como un período de cada vez más violencia, perversión sexual, caos y degradación.[26] Según la tradición hindú, tendrá lugar un evento llamado «la noche de Brahman» en la cual Shiva, el dios destructor, vendrá a la tierra, matará a todos los demonios, y realizará una danza especial sobre sus cadáveres que será la señal del fin del mundo. Entonces Brahman inhalará toda la realidad física y la sostendrá durante un largo período de tiempo; más adelante, Brahman exhalará el mundo físico y comenzará el proceso una vez más.

Por tanto, en los escritos hindúes, el fin de este mundo no es realmente un fin, sino el precursor de una era renovada que llegará. La perspectiva hindú de la historia no incluye un momento final real: «Dentro del marco del hinduismo filosófico, el tiempo es circular; es la rueda del samsara que siempre gira. No tiene principio ni fin».[27] La perspectiva cíclica hindú de la historia es muy parecida a las perspectivas de los mayas, pero en el hinduismo, el mundo y todo lo que hay en él, incluyendo a todo ser humano, «es una expresión de Brahman [el dios creador]. Tal cosmos nunca puede tener fin».[28]

RELIGIÓN HOPI Y EL FIN DEL MUNDO

Los ancianos de la nación Hopi han dado muchas profecías sobre el fin del mundo a lo largo de los años. El tema de «el gran Día de Purificación» aparece repetidamente en sus escritos más antiguos. Ese día se describe como un tiempo «terrible que está un poco más adelante». «Inundaciones, sequía, terremotos y grandes tormentas» lo precederán («Un mensaje de Chief Dan Evehema»). Los hopis ven el Día de Purificación como el fin de este mundo, pero mantienen la esperanza de que pueda evitarse si la humanidad comienza a vivir en paz los unos con los otros y con la naturaleza. Creen que, o bien será un período de «total renacimiento o total aniquilación», dependiendo de cómo escoja vivir la humanidad («La profecía de los hopis de los ancianos hopis»).

Lloyd Hildebrand escribió: «Algunas profecías de los hopis indican que el tiempo terminará en 2012, en total acuerdo con la fecha del fin del calendario maya».[29] Pero otras profecías afirman que habrá una «Edad de Oro» después de 2012 «llena de paz. Sin embargo, la humanidad debe pasar por años de gran prueba, sufrimiento y persecución antes de que tenga lugar el período de paz y de "unidad"».[30] Se ha profetizado que el gran Día de Purificación tendrá lugar después del paso de la «estrella azul», la cual muchos ancianos hopis han identificado como el cometa Hale-Bopp que apareció desde 1995 hasta 2000.Un líder espiritual hopi predijo que el gran Día de Purificación tendría lugar «siete años después de la aparición [de la estrella azul]»[31] (*Wolflodge.org*—«Hopi Prophecy Fulfilled»). Eso significa que la fecha del gran Día de Purificación habría sido 2007.

Muchos hopis, sin embargo, creen que la «estrella azul» no ha aparecido aún. Según su punto de vista, «de acuerdo a la profecía, la estrella azul debe hacer su aparición en 2012».[32] Los hopis, que son un pueblo que ama la paz, ven venir un gran holocausto en el futuro en el cual la tierra arderá y las personas se ahogarán por el calor, y todo será destruido a excepción de la nación hopi. Lloyd Hildebrand reconoció muchos paralelismos entre la visión de los hopis y las profecías de Jesús del tiempo del fin. Tanto, que preguntó: «¿Están Jesús y los hopis profetizando acerca del mismo evento: el Día de Purificación, el fin de todas las cosas?».[33] Bien pueden estar haciendo exactamente eso.

MENSAJE DEL FIN DEL MUNDO DE NUESTRA SEÑORA DE EMMITSBURGO

El 1 de junio de 2008, la católica Gianna Sullivan afirmó que la virgen María le había dado un mensaje para el mundo. En ese mensaje, «nuestra Señora de Emmitsburgo», compartió varias cosas acerca del fin del mundo:

• la aparición de dos soles;

• la alineación de las estrellas;

- un planeta interponiéndose entre la tierra y el sol, «conduciendo a una tremenda devastación»;

- el 60–70% de la población del mundo morirá;

- el 60% de los que sobreviven a la destrucción inicial «podría morir de enfermedades y hambre».

El mensaje ciertamente contiene muchos elementos que son similares a otras profecías sobre 2012, como el alineamiento galáctico, predicciones sobre el planeta X, y la muerte de multitudes de personas. Aunque la archidiócesis de Baltimore ha censurado el mensaje comunicado por Gianna Sullivan, muchos creyentes católicos parecen haberlo aceptado como verdadero. Defensores de 2012 lo han añadido a su larga lista de profecías convergentes con respecto al fin del mundo.

PROFECÍAS DEL FIN DEL MUNDO EN LAS ESCRITURAS HEBREAS

El Antiguo Testamento describe repetidamente el fin del mundo como «el día del Señor». Los profetas hebreos predijeron cómo sería el día del juicio, en términos muy asombrosos, pero nunca dicen cuándo tendrá lugar.

Las profecías de Isaías

Según el profeta Isaías, será un día de «destrucción» en el cual «desfallecerá todo corazón de hombre y se llenarán de terror; angustias y dolores se apoderarán de ellos; tendrán dolores como mujer de parto; se asombrará cada cual al mirar a su compañero; sus rostros, rostros de llamas» (Isaías 13.6-8). El profeta citó al Señor: «Haré más precioso que el oro fino al varón, y más que el oro de Ofir al hombre. Porque haré estremecer los cielos, y la tierra se moverá de su lugar, en la indignación de Jehová de los ejércitos, y en el día del ardor de su ira» (Isaías 13.12-13).

Isaías dijo que, en ese día, la gente se metería en cavernas de las peñas en las montañas para intentar escapar de «la presencia temible de Jehová» (Isaías 2.19). Concluyó que «la tierra será enteramente vaciada, y completamente saqueada... (debido a su contaminación de la tierra), por esta causa fueron consumidos los habitantes de la tierra, y disminuyeron los hombres» (Isaías 24.3-6).

Profecías de Sofonías

El profeta Sofonías pintó un cuadro aterrador del Día de Señor como un día de ira, inquietud, problemas, destrucción, desolación, oscuridad y penumbra en el cual la gente «Andarán como ciegos... y la sangre de ellos será derramada como polvo, y su carne como estiércol» (Sofonías 1.14-17). Él resumió su descripción de ese día diciendo: «Toda la tierra será consumida con el fuego de su celo [de Dios]; porque ciertamente destrucción apresurada hará de todos los habitantes de la tierra» (Sofonías 1.18).

Profecías de Joel

El profeta Joel preguntó: «Porque grande es el día de Jehová, y muy terrible; ¿quién podrá soportarlo?» (Joel 2.11). Joel predijo: «El sol se convertirá en tinieblas, y la luna en sangre, antes que venga el día grande y espantoso de Jehová» (Joel 2.31).

Profecías de Nahúm

Al final del mundo, según el profeta Nahúm, el Señor secará los mares y los ríos. Las montañas temblarán. Los montes se derretirán y la tierra será destruida (Nahúm 1.4-5).

Profecías de Malaquías

El profeta Malaquías predijo que el día del Señor viene «ardiente como un horno» (Malaquías 4.1). Añadió que el terrible destino que espera a los malvados es que «serán estopa; aquel día que vendrá los abrasará» (Malaquías 4.1).

PROFECÍAS DEL FIN DEL MUNDO EN EL NUEVO TESTAMENTO

El Nuevo Testamento describe escenas muy parecidas a las representadas en la película *2012* (quizá no por coincidencia), en las cuales el fuego destruye la tierra y los elementos se funden por el intenso calor (2 Pedro 3.7-12).

- Relámpagos golpean la tierra y un gran terremoto la hace temblar (Apocalipsis 6.12 y 8.5).

- Una estrella ardiente cae a la tierra y la incendia (Apocalipsis 8.10).

- El sol es oscurecido (Apocalipsis 8.12).

- El hambre se extiende por toda la tierra (Apocalipsis 6.5-6).

- Multitudes de personas mueren por la enfermedad y la guerra (Apocalipsis 6.7-8).

- Montañas e islas son movidas de sus posiciones (Apocalipsis 6.12-14).

- Las personas intentan ocultarse de la destrucción en cuevas y entre las rocas de las montañas, pero no pueden escapar a ella (Apocalipsis 6.15).

- Violento granizo y una montaña ardiente caen a la tierra y provocan incendios por todas partes (Apocalipsis 8.7-8).

- El sol abrasa a la gente con fuego (Apocalipsis 16.8-9).

- Un gran terremoto causa la devastación de las ciudades del mundo (Apocalipsis 16.19).

Una vez más, estos pasajes describen el fin del mundo, pero no dan una fecha exacta de cuando todo eso tendrá lugar. Jesús les dijo a sus discípulos: «El cielo y la tierra pasarán… Pero del día y la hora nadie sabe, ni aun los ángeles de los cielos, sino sólo mi Padre» (Mateo 24.35-36). Eso no ha evitado que algunos líderes cristianos intenten descubrir exactamente cuándo llegará el fin. Recientemente, el televangelista Jack Van Impe predijo el fin del mundo el 21 de diciembre de 2012. Van Impe (a quien con frecuencia se le llama una «Biblia andante» porque puede recitar casi toda la Biblia de memoria) utilizó las profecías del calendario maya, el *I Ching*, y de la tribu Hopi para reforzar la fecha del fin del mundo el día 21 de diciembre de 2012, pero también las relacionó con un recital trepidante de pasajes de la Biblia. Él está convencido de que 2012 es, o bien el fin del mundo, o el comienzo de la tribulación que conduce al fin del mundo.

Muchos otros, como Harold Camping de *Family Radio*, han realizado extensos y asombrosos cálculos basados en profecías bíblicas para llegar al tiempo del fin. Camping, «el contratista de construcciones convertido en radioevangelista», ha intentado establecer la fecha del fin del mundo dos veces. Cada una de las dos fechas ha llegado y ha pasado sin ningún fin a la vista.[34] Ahora Camping ha llegado a la conclusión de que tendrá lugar el 21 de octubre de 2011.[35] Camping dijo: «Sin duda, podemos estar seguros de que el rapto se producirá el 21 de mayo de 2011, y el último día de la historia del mundo es el 21 de octubre de 2011».[36]

Camping y otros como él dan un rodeo a la afirmación de Jesús de que nadie puede saber cuándo llegará el fin del mundo afirmando que la afirmación que Él hizo solamente se aplicaba a quienes estaban presentes cuando Él la hizo. Insisten en que en la actualidad, con nuestro mayor conocimiento de las verdades bíblicas, podemos hacer lo que ellos no podían hacer. Supongo que esa explicación cubre el hecho de que quienes vivían en la época de Jesús no podían saber algo que ahora nosotros podemos descifrar, pero no explica la afirmación de Jesús de que ni siquiera Él sabe cuándo ocurrirá. Pretender tener mayor conocimiento del futuro que el encarnado Hijo de Dios parece peligrosamente arrogante.

El escritor, pastor, y conferencista en televisión, doctor David Jeremiah, señaló de modo conclusivo:

¿Cómo podría ser, entonces, que alguien establezca una fecha para el regreso del Señor, y después —aunque no se produzca— la gente siga escuchándole? La gente se apresura a salir a comprar su siguiente libro. No puedo comprenderlo. No está bien hacer tales predicciones, porque la Biblia dice que ningún hombre puede saberla. Además, ni siquiera los ángeles la conocen... ni el encarnado Hijo de Dios la conocía... Engañar a la gente intencionadamente y voluntariamente haciendo algo que Dios dice que no podemos hacer ni deberíamos hacer está mal.[37]

El tema de la Segunda Venida de Cristo, seguida por el juicio universal y la destrucción del mundo actual para abrir camino para un nuevo cielo y una nueva tierra, se menciona muchas veces en el Nuevo Testamento. Es un tema que se repite constantemente y que está en casi cada uno de los libros. El doctor David Jeremiah escribió:

Hay 1845 referencias a ese evento [el regreso del Mesías a la tierra] en el Antiguo Testamento; un total de diecisiete libros del Antiguo Testamento le dan importancia. De los 216 capítulos del Nuevo Testamento, hay 318 referencias a la Segunda Venida, o una en cada treinta versículos. Veintitrés de los veintisiete libros del Nuevo Testamento se refieren a este importante evento… Por cada profecía bíblica sobre la primera venida de Cristo, hay *ocho* con respecto a su Segunda Venida. Este tema debe ser de suma importancia para los creyentes cristianos ya que ocupa tanta atención en los escritos de los autores del Antiguo y el Nuevo Testamento. A continuación hay algunos ejemplos de las muchas referencias a este evento cataclísmico en los escritos del Nuevo Testamento:

Mateo 24.27—«Porque como el relámpago que sale del oriente y se muestra hasta el occidente, así será también la venida del Hijo del Hombre».

Mateo 24.29–31—«E inmediatamente después de la tribulación de aquellos días, el sol se oscurecerá, y la luna no dará su resplandor, y las estrellas caerán del cielo, y las potencias de los cielos serán conmovidas. Entonces aparecerá la señal del Hijo del Hombre en el cielo; y entonces lamentarán todas las tribus de la tierra, y verán al Hijo del Hombre viniendo sobre las nubes del cielo, con poder y gran gloria. Y enviará sus ángeles con gran voz de trompeta, y juntarán a sus escogidos, de los cuatro vientos, desde un extremo del cielo hasta el otro».

1 Corintios 1.7—«...esperando la manifestación de nuestro Señor Jesucristo».

Filipenses 3.20—«Mas nuestra ciudadanía está en los cielos, de donde también esperamos al Salvador, al Señor Jesucristo».

1 Tesalonicenses 5.2—«Porque vosotros sabéis perfectamente que el día del Señor vendrá así como ladrón en la noche».

Hebreos 10.25—«. . . sino exhortándonos; y tanto más, cuanto veis que aquel día se acerca».

Santiago 5.8—«Tened también vosotros paciencia, y afirmad vuestros corazones; porque la venida del Señor se acerca».

1 Pedro 4.7—«Mas el fin de todas las cosas se acerca; sed, pues, sobrios, y velad en oración»«

2 Pedro 3.10—«Pero el día del Señor vendrá como ladrón en la noche; en el cual los cielos pasarán con grande estruendo, y los elementos ardiendo serán deshechos, y la tierra y las obras que en ella hay serán quemadas».

Apocalipsis 16.15—«He aquí, yo vengo como ladrón. Bienaventurado el que vela…».

Apocalipsis 22.20—«El que da testimonio de estas cosas dice: Ciertamente vengo en breve. Amén; sí, ven, Señor Jesús».[38]

CONCLUSIÓN

Los defensores de 2012 han dado la bienvenida a estas predicciones religiosas como una prueba más de que el fin del mundo se acerca con rapidez. Las predicciones que señalan el 21 de diciembre de 2012 son aceptadas como otro punto de convergencia profética que se reúne para preparar a la gente para el fin de este mundo. Aun las que sólo describen el fin sin establecer una fecha concreta son muy consideradas por los defensores del catastrofismo de 2012 porque se hacen eco de las condiciones predichas por otras predicciones no religiosas.

Durante siglos, muchos cristianos han creído que su generación era la generación del fin, pero ninguna ha visto una certeza tan generalizada en esa creencia como la vemos en la actualidad. Con la reunificación del pueblo judío en Israel, el conflicto de Oriente Medio con muchos países allí que quieren destruir a los judíos, y los graves desastres climáticos que han tenido lugar recientemente, la mayoría de cristianos creyentes en la Biblia están seguros de que estamos viviendo en los últimos tiempos.

CAPÍTULO ONCE

EVALUACIONES FINALES

Si estas predicciones hubieran de cumplirse el 21 de diciembre de 2012, ¿cómo sería? A continuación hay una hipotética descripción de los eventos que ocurrirían el día en que termine el mundo según esta convergencia de predicciones:

21 de diciembre de 2012

Cuando el sistema solar atraviesa el agujero negro en el centro de la Vía Láctea, se desatan poderes cósmicos que tienen efectos devastadores sobre la tierra. El núcleo se calienta y terremotos e inundaciones increíblemente enormes barren hasta las ciudades más grandes y las montañas más altas, haciéndolas pedazos. El planeta X pasa entre la tierra y el sol, causando inmensas llamaradas solares que incendian la tierra e invierten sus polos magnéticos.

Esa inversión de polos hace estragos, destruyendo todos los sistemas de comunicación. No puede emitirse ningún esfuerzo coordinado para salvar a la gente, y las personas vagan de un lado a otro en la oscuridad buscando ayuda, pero no la consiguen. El Gran Colisionador de Hadrones falla, produciendo enormes números de pequeños agujeros negros que comienzan a comerse toda la materia que tocan.

Empiezan a hacer erupción volcanes por todo el mundo, incluyendo el que está en Yellowstone, escupiendo magma ardiente a las ciudades y el campo, incendiando todo lo que encuentran a su paso. La nube de cenizas y de humo producida por los volcanes cubre los cielos, evitando que entre la luz del sol.

A medida que la tierra comienza a desintegrarse, inmensos meteoros y relámpagos gigantes golpean la tierra, produciendo muchos incendios a larga escala. Inmensos incendios provocados por llamaradas solares surgen por todas partes. La mayoría de la humanidad muere abrasada. Casi todas las personas que sobreviven a los incendios son enterradas vivas por avalanchas, ahogadas en inundaciones, o muertas por otras personas que intentan llegar a algún lugar seguro.

Hay hambre, enfermedades, destrucción y pánico por todas partes. Las personas intentan ocultarse en cuevas y refugios subterráneos, pero todas ellas mueren. A medida que aumenta el número de víctimas, cadáveres llenan las calles y sobresalen entre los escombros de los edificios en todas las ciudades del mundo.

Finalmente, la tierra explota debido a la presión que se extiende por su núcleo, los gases liberados por agujeros negros, y el empuje gravitatorio del planeta X. Partes de la destruida tierra salen de su órbita original, colisionando con otros planetas y terminando como pequeñas brasas que resplandecen en la oscuridad del espacio como trágico memorial a un gran planeta que ha muerto.

Bastante sombrío, ¿no es cierto? Ahora bien, la pregunta es: ¿En realidad creemos que todos esos acontecimientos se producirán? Los siguientes párrafos ofrecen una evaluación de la probabilidad de que cada predicción de 2012 se haga realidad:

LA FECHA DEL 21 DE DICIEMBRE DE 2012 EN EL CALENDARIO MAYA

Hay dudas en cuanto a si esta era realmente una fecha del fin o sólo el comienzo de un nuevo ciclo para los mayas. Muchos expertos en los mayas han llegado a la conclusión de que es meramente el fin de un ciclo, y no el fin del mundo. Además, aun si pudiera demostrarse que los mayas estaban prediciendo el fin del mundo, ¿sobre qué base pueden ser reconocidos como personas que predecían el futuro con autenticidad y precisión?

TORMENTAS SOLARES

Reputados científicos están prediciendo inmensas tormentas solares, y algunos hasta señalan 2012 como la fecha en que pueden producirse. Parece haber un acuerdo casi unánime entre astrofísicos en que podemos esperar tormentas solares muy violentas en el futuro cercano que podrían convertirse en una grave amenaza para la vida en la tierra.

MAL FUNCIONAMIENTO DEL GRAN COLISIONADOR DE HADRONES Y CREACIÓN DE AGUJEROS NEGROS Y *STRANGELETS*

Aunque no puede determinarse ninguna fecha para un posible mal funcionamiento, el hecho de que el colisionador fallase la primera vez que fue encendido no inspira confianza en la capacidad de los investigadores para controlarlo y los agujeros negros y *strangelets* que pueda producir. El temor a lo desconocido puede paralizar la investigación científica, pero la experimentación irresponsable sin salvaguardas necesarias es peligrosa, especialmente dados los sombríos posibles resultados de los experimentos del colisionador.

PREDICCIONES DE NOSTRADAMUS EN EL «LIBRO PERDIDO»

Las caprichosas interpretaciones de los símbolos en las acuarelas de «El Libro perdido de Nostradamus» no dan mucho peso a esas predicciones. Además, puede que ni siquiera Nostradamus crease los dibujos. Aun si él los hizo, es difícil sopesar la validez de las interpretaciones que actuales intérpretes dan de su significado. Las interpretaciones de algún modo fantasiosas de los símbolos en las acuarelas no dan mucha credibilidad a esas predicciones.

INVERSIÓN DEL POLO MAGNÉTICO NORTE/SUR

Según muchos geofísicos, esta inversión podría ocurrir algún día como resultado de fuertes llamaradas solares, pero están de acuerdo en que, aunque ocurriesen, las consecuencias para la tierra probablemente serían mínimas.

COLISIÓN CON EL PLANETA X

Según científicos espaciales de la NASA, este planeta no existe. Si existiera, los astrónomos lo habrían observado hace tiempo. Los científicos creen que esta teoría no es otra cosa que un producto de la imaginación de una mujer que cree que extraterrestres insertaron un artefacto de comunicación en su cerebro. Aunque muchos defensores de 2012 han puesto su fe en las teorías de Nancy Lieder, la comunidad científica tiene poco o ningún respeto por ellas.

INTERSECCIÓN O ALINEAMIENTO CON EL PLANO GALÁCTICO

Astrobiólogos afirman que la intersección no puede ser posible que se produzca dada la órbita de nuestro sistema solar en la galaxia. La tierra no se acerca cada vez más al plano galáctico; está manteniendo su órbita normal aproximadamente de veinte a cien años luz alejada del centro de la Vía Láctea. El doctor David Morrison ha explicado que aunque el sistema solar hubiera de cruzar el plano galáctico, no habría efectos perjudiciales por hacerlo. Además, el alineamiento del sistema solar con el centro de la galaxia se produce cada mes de diciembre, sin resultados negativos. Diciembre de 2012 no debería ser diferente.

ERUPCIÓN DEL SUPERVOLCÁN

Esto probablemente está en el futuro, pero no se puede aplicar ninguna fecha determinada. El hecho de que el volcán de Yellowstone evidencie un incremento de presión en su interior sí da cierta causa para alarmarse por esta posible supererupción inminente. La evidencia de que terroristas hayan amenazado con detonar un artefacto nuclear en Yellowstone hace que esta posibilidad sea una preocupación aún mayor.

EL PROYECTO WEB BOT

Este programa de software parece estar registrando las ocasiones de interés de la gente en 2012 y el fin del mundo, no prediciendo el futuro. El uso de web bots para predecir el futuro no tiene base y no es plausible.

PREDICCIONES RELIGIOSAS

Basados en los estados psicodélicos, alterados e inducidos por las drogas de Terence McKenna, sus cálculos con respecto a las predicciones del *I Ching* de *Timewave Zero* terminando el mundo en 2012 no tienen valor real. Las otras predicciones sobre el fin del mundo de musulmanes, hindúes, los hopi, Gianna Sullivan, las Escrituras hebreas, y el Nuevo Testamento son muy convincentes para quienes siguen cada creencia, aunque la mayoría de ellas no ofrecen una fecha específica para esos eventos. Las profecías del fin del mundo de las escrituras musulmanas, judías y cristianas parecen compartir muchos detalles sobre el tiempo del fin. El hecho de que un respetado maestro de la Biblia como Jack Van Impe haya establecido la fecha del 21 de diciembre de 2012 como el fin del mundo sobre la base de su exhaustivo conocimiento de la Biblia no es conclusivo, pero sí demanda una seria atención. A la luz de la enseñanza de Jesús de que nadie sabe cuándo se producirá el fin del mundo (Mateo 24), es sorprendente que Van Impe y otros hagan tal afirmación.

¿SE ACABARÁ EL MUNDO EN EL 2012?

En conclusión, los acontecimientos del tiempo del fin más probables son: inmensas tormentas solares, el mal funcionamiento del Gran Colisionador de Hadrones, la inversión de los polos magnéticos de la tierra, la erupción de supervolcanes, y los eventos profetizados en las escrituras de los diversos grupos religiosos. A excepción de las tormentas solares, ninguna de estas predicciones conlleva la fecha exacta de 2012, pero aun así son muy posibles, y en algunos casos, hasta probables. Su cumplimiento produciría terribles consecuencias para el planeta y para toda la vida humana. El posible escenario de incendios por tormentas solares y erupciones volcánicas, la producción de agujeros negros y *strangelets* que absorben cualquier materia que tocan, y las profecías religiosas con respecto a la destrucción de la tierra y la aniquilación de toda la humanidad son ciertamente aterradoras al contemplarlas.

Por tanto, la respuesta a la pregunta del título de este libro, *¿Se acabará el mundo en el 2012?* es: podría ser, pero podría ser que no. El mundo no terminará en el 2012 *debido a:*

- esa fecha en *el calendario maya.* No es una fecha para el fin del mundo, sino la fecha de transición a una nueva era.

- las predicciones de *Nostradamus.* Sus predicciones son vagas, en el mejor de los casos.

- una *colisión con el planeta* X. El planeta X no existe.

- el *alineamiento galáctico.* Es inofensivo.

- las predicciones del proyecto *Web Bot.* El proyecto sólo registra el interés en ciertos temas de quienes usan la Internet . No puede predecir el futuro.

Pero el mundo *podría* terminar en el 2012 *si:*

- inmensas llamaradas solares y erupciones de masa golpean la tierra en el 2012, atravesando un debilitado campo magnético y calentando la corteza y el núcleo del planeta.

Eso podría desencadenar gigantescos terremotos, fisuras y tsunamis que podrían barrer el globo destruyendo todo a su paso.

• un importante mal funcionamiento del Gran Colisionador de Hadrones produce agujeros negros y *strangelets* que atraviesan la tierra destruyendo toda materia a medida que pasan.

• el supervolcán de Yellowstone y docenas de otros supervolcanes hacen erupción debido al sobrecalentamiento del núcleo de la tierra por la radiación solar.

• Jesucristo regresa a la tierra, juzga a los malvados, y destruye el planeta para crear un nuevo cielo y una nueva tierra.

¿Hay alguna esperanza para nosotros si cualquiera de esas cosas tiene lugar?

¿Qué podemos hacer?

¿Cómo podemos estar preparados para ello?

CAPÍTULO DOCE

PREPARACIÓN PARA EL FIN DEL MUNDO

«Pero veámoslo de este modo: nada que no sea una deidad omnipotente podría ayudarnos a salir de la situación en la que los profetas de 2012 dicen que estamos; por tanto, ¿qué otra elección hay para nosotros sino caer de rodillas?».

—Lawrence E. Joseph, *Apocalypse 2012*, p. 224

¿QUÉ PODEMOS HACER EN CUANTO AL FIN DEL MUNDO?

¿Hay alguna manera en que podamos sobrevivir?

¿Existen precauciones que podamos tomar para salvar nuestras vidas?

En muchas partes del mundo, creyentes en el catastrofismo de 2012 se han propuesto prepararnos para el fin del mundo. Se han construido búnkeres; silos de misiles abandonados se están comprando y renovando; quienes están convencidos de que el mundo terminará en 2012 han construido refugios subterráneos de todo tipo; se han acumulado provisiones y se han elaborado planes para sellar entradas y mantener fuera a otros. Un grupo selecto de personas ha hecho muchos preparativos para poder ser capaces de volver a salir años después del acontecimiento catastrófico, repoblar la tierra, y comenzar una nueva civilización.[1] ¿Pero serán realmente seguros? Probablemente no.

Inmensos búnkeres de cemento y gruesos muros de metal no detendrían el efecto de las catástrofes que se han predicho. Si consideramos los efectos de agujeros negros del colisionador del CERN, o las tormentas solares del sol, o gigantescas erupciones de supervolcanes, o grandes terremotos violentos, ningún búnker será capaz de soportar ese tipo de destrucción. Por tanto, ¿qué hemos de hacer? Quizá nuestra preparación para el fin del mundo necesite adoptar un camino totalmente diferente.

Millones de personas ya han tenido que afrontar una experiencia virtual del fin del mundo cuando se enfrentaron a su propia muerte. Para ellas, el fin del mundo había llegado como un fin de *su* mundo. ¿Cómo se las han arreglado las personas para manejar el aterrador encuentro con la muerte? ¿Hay una manera de prepararse para él?

Su propio «fin del mundo» personal puede llegar en 2012, o en 2032, o mañana mismo. Cuando revisamos los anales de la historia, encontramos a un grupo de incontables personas que han sido capaces de afrontar la muerte con confianza, dignidad y esperanza. Muchas de ellas fueron encarceladas, torturadas y muertas de maneras horrendas, mientras que otras murieron por causas naturales, pero se enfrentaron a la muerte con la valentía, la esperanza y la confianza de que estaban pasando a un mundo mucho mejor que este. El fundador de este grupo hasta oró por quienes le estaban matando: «Padre, perdónalos». Y cuando Él dio su último aliento, dijo: «Padre, en tus manos encomiendo mi espíritu» (Lucas 23.34, 46). ¿Cómo pudo hacer eso? ¿Cómo podía una persona pedir a Dios que perdonase a quienes le estaban torturando y matando, y en el momento de su muerte, poner con confianza su espíritu en manos de Dios? ¡Qué increíble persona debió de haber sido! Desde luego, ¡esa persona fue Jesucristo!

No sólo Jesús, sino también uno de sus primeros seguidores, Esteban, se enfrentó a la muerte con una confianza sobrenatural que debió de haber sacudido a quienes le apedreaban. Él oró por ellos mientras le lanzaban piedras: «Señor, no les tomes en cuenta este pecado». Esteban miró al cielo y «vio la gloria de Dios, y a Jesús que estaba a la diestra de Dios». Él murió diciendo: «Señor Jesús, recibe mi espíritu» (Hechos 7.55, 59 y 60).

Millones de cristianos a lo largo de las épocas han compartido la experiencia de muerte de Esteban. Se han enfrentado a la muerte con una irreprimible confianza y un gozo que no es de este mundo y que ha confundido y desconcertado a quienes los ejecutaron. Aun quienes han muerto por causas naturales han dejado un legado de fe y de gozo en el momento de su muerte. Muchos de ellos han sorprendido a seres queridos exclamando que veían a Jesús llegar a buscarlos, y han muerto con alabanzas a Él en sus labios.

Es posible afrontar su propio «fin del mundo» con esperanza y fe, y hasta gozo. El testimonio de millones de cristianos a lo largo de los últimos veinte siglos ha demostrado lo genuino de su esperanza y la profundidad de su fe en Jesucristo. También usted puede tener esa esperanza y esa confianza, ya sea que el mundo termine para usted en 2012 o mañana. *Puede* afrontar el fin con valentía y esperanza, y hasta con gozo, si Jesucristo es su Señor y Salvador personal y el cielo es su destino final. El mejor antídoto para el temor y el miedo que las predicciones de 2012 puedan causar es comenzar una relación personal e íntima con Jesucristo, el Señor del tiempo y el Vencedor sobre la muerte misma.

TRES SENCILLOS PASOS

Comenzar una relación personal con Jesucristo no es algo difícil de hacer. Tres sencillos pasos le llevarán a una vida de gozo y de esperanza que nada, ni siquiera la muerte, puede quitarle. Los tres pasos son: creer, admitir y pedir.

Paso 1: CREER

Para comenzar una relación personal con Jesucristo, debe usted creer ciertos hechos. Debe estar convencido de que la fe cristiana es verdadera y que la Biblia es la Palabra de Dios. De otro modo, será imposible acudir a Jesús con fe y seguridad de que Él le responderá.

La fe cristiana es verdadera, no porque lo digan los cristianos sino debido a muchas pruebas de que proviene de Dios y obra del modo en que Jesús dijo que lo haría. Los autores del Nuevo Testamento fueron, o bien testigos presenciales de los acontecimientos que registraron, o habían verificado los acontecimientos con testigos presenciales. El testimonio presencial es una poderosa base para creer que algo tuvo lugar. El testimonio coherente de muchos testigos presenciales es incluso más fuerte. Pero el testimonio presencial de personas que estén dispuestas a dar sus vidas por lo que han escrito cuando se les ofrece la vida si se retractan es el testimonio más poderoso de todos. La fe cristiana es verdadera, y su verdad descansa en un testimonio presencial de confianza por parte de quienes dieron sus vidas por su fe. A medida que comience a vivir en acuerdo con los principios de la fe cristiana y vea a Dios obrar en su vida, no tendrá dudas acerca de su poder y su integridad.

¿Es la Biblia realmente la Palabra de Dios? Hay muchas evidencias de que la Biblia es la Palabra revelada de Dios. Las siguientes son unas cuantas:

- **La coherencia del mensaje de la Biblia apoya la probabilidad de su inspiración por Dios.** La Biblia contiene sesenta y seis libros escritos durante un período de más de mil quinientos años por cuarenta autores diferentes en tres idiomas. Su diversidad es legendaria; sin embargo, en toda ella su mensaje está unido, es coherente, está entrelazado y se cumple. Si eso no demuestra la inspiración de Dios, debería, sin duda, hacernos «¡inclinarnos con fuerza en esa dirección!».

- **La sorprendente cantidad de profecías cumplidas en la Biblia habla a favor de su inspiración.** Hay más de 600 profecías detalladas en la Biblia. La probabilidad de su cumplimiento es ciertamente escasa. El doctor Peter W. Stoner, presidente del departamento de ciencias de

Westmont, ha calculado que si tomamos solamente ocho
de las profecías acerca de Jesús, la probabilidad de que se
cumplan en una persona ¡es sorprendentemente de una
probabilidad entre 10^{17}! ¡Eso significa una probabilidad en
10 con 17 ceros detrás! (*Science Speaks*, 1963). Y eso es
solamente para ocho profecías; hay muchas profecías sobre
Jesús que se cumplieron con increíble detalle. Una vez
más, ese hecho parece inclinarse hacia la probabilidad de
que la Biblia sea la Palabra de Dios inspirada.

- **La confirmación de descubrimientos arqueológicos ha
  levantado fe en la confiabilidad de la Biblia.** Hubo un
  tiempo en el que los críticos de la Biblia insistían con
  fuerza en que Salomón no es posible que pudiera haber
  tenido el número de caballos que la Biblia dice que tenía.
  Pero un descubrimiento arqueológico de miles de establos
  de caballos cerca de Jerusalén confirmó la Biblia como
  verdadera y silenció sus ataques. Muchos críticos se
  burlaban de la idea de que el ejército de Faraón se ahogase
  en el mar Rojo (o Junco) hasta que un arqueólogo
  aficionado, Ron Wyatt, encontró fosilizadas ruedas de
  carro en el fondo de ese mar. Los críticos también
  ridiculizaban la idea de que los muros de Jericó se
  desplomasen cuando el pueblo de Israel caminó alrededor
  de ellos y tocó sus trompetas, pero entre los años 1952 y
  1958, la arqueóloga Kathleen Kenyon realizó amplias
  investigaciones en la ubicación de Jericó y descubrió que

los muros se habían desplomado tal como afirma el texto bíblico. Ella también descubrió que uno de los muros en el lado noreste de Jericó no se había desplomado. Muchos quedaron perplejos por tal descubrimiento hasta que recordaron que Dios había prometido a Raab que Él la protegería cuando llegase la destrucción.

Podría seguir con multitud de ejemplos como estos, en los cuales la arqueología ha confirmado la veracidad de la Biblia. Baste con decir que, a fecha de hoy, cada descubrimiento arqueológico ha verificado los relatos bíblicos.

A propósito, existe por ahí un mito de que los *Rollos del Mar Muerto* han demostrado que el Nuevo Testamento no es verdadero. ¡Qué interesante, ya que los *Rollos del Mar Muerto* no contienen nada del Nuevo Testamento en ellos! Yo he visto personalmente algunos de los rollos, y lo único que han aportado a la erudición bíblica es la seguridad de que, aunque son los manuscritos más antiguos del Antiguo Testamento que tenemos, encajan perfectamente con los textos de la Biblia hebrea que hemos estado utilizando por más de mil años. Lejos de causar dudas sobre la Biblia, los *Rollos del Mar Muerto* han aumentado más que nunca nuestra confianza en la fiabilidad del texto del Antiguo Testamento.

En realidad, el Antiguo y el Nuevo Testamento son los libros de literatura antigua mejor preservados que existen en la actualidad. Tenemos más de 14 000 manuscritos del Antiguo Testamento, y más de 24 000 manuscritos del Nuevo Testamento. Muchos de nuestros manuscritos del Nuevo Testamento fueron escritos menos de cincuenta años después de la muerte y resurrección de Jesús. El estudio meticuloso de esos manuscritos textuales ha hecho posible afirmar que el texto bíblico que ahora tenemos es prácticamente una copia exacta de los originales. El siguiente texto antiguo mejor certificado —la *Ilíada* de Homero— tiene sólo 643 manuscritos en existencia, y la copia más temprana que existe fue hecha 900 años después de que Homero lo escribiera. Realmente no hay competición. La Biblia es el libro mejor preservado y mejor certificado de la literatura antigua que existe actualmente, sin duda alguna. No es difícil creer en la supervisión de Dios del proceso de transmisión de la Biblia cuando uno ve esas estadísticas.

- **La integridad y el carácter personal de los autores de la Biblia y el compromiso que mostraron al dar sus vidas antes que negar la veracidad de la Biblia también contribuyen a la creencia de que Dios ha inspirado sus obras.** Los autores de los evangelios, por ejemplo, afirman haber sido o bien testigos oculares de los acontecimientos que registran, o entrevistadores de testigos oculares. O bien lo que ellos registran es verdad, o ellos (o sus fuentes como testigos oculares) son unos mentirosos o unos fanáticos. Cuando alguien afirma, como hizo el apóstol Juan, que el mensaje que él compartía estaba basado en «lo que hemos oído, lo que hemos visto con nuestros ojos, lo que hemos contemplado, y palparon nuestras manos» (1 Juan 1.1), uno sabe que se tiene interés en que sus lectores entiendan que realmente la persona experimentó aquello de lo que escribe. Uno no puede ser más "testigo ocular" que eso: ¡oído, visto, contemplado y tocado! Lucas afirma que su evangelio está basado en sus entrevistas a testigos oculares, ya que él no era uno de los apóstoles: la historia de las cosas que entre nosotros han sido ciertísimas, tal como nos lo enseñaron **los que desde el principio lo vieron con sus ojos**, y fueron ministros de la palabra, me ha parecido también a mí, después de haber investigado con diligencia todas las cosas desde su origen, escribírtelas por orden, oh excelentísimo Teófilo, para que conozcas bien **la verdad** de las cosas en las cuales has sido instruido (Lucas 1.1-4).

El término "la verdad" que Lucas utiliza aquí significa *evidencia basada en el testimonio de testigos oculares válida en un tribunal* (véase el uso de Lucas de este término en su segunda obra: Hechos). El fundamento en testigos oculares del evangelio queda establecido. Mateo fue un apóstol, al igual que Juan. Marcos fue el intérprete y discípulo de Pedro. Lucas investigó todo lo que escribió con los testigos oculares de los acontecimientos. Todos ellos eran, o testigos oculares, discípulos de testigos oculares, o entrevistadores de testigos oculares. De ahí provienen los evangelios.

Además, los autores del Nuevo Testamento hablaron de modo inequívoco contra el uso de mitos, leyendas o fábulas en la fe cristiana. Por ejemplo, Pedro escribe: «Porque no os hemos dado a conocer el poder y la venida de nuestro Señor Jesucristo siguiendo fábulas artificiosas, sino como habiendo visto con nuestros propios ojos su majestad» (2 Pedro 1.16). También Pablo le dice a Timoteo que no preste atención "a fábulas" (1 Timoteo 1.4); y "desecha las fábulas profanas y de viejas" (1 Timoteo 4.7). Los mitos o fábulas (historias inventadas para enseñar verdades religiosas) son totalmente repudiados por los autores del Nuevo Testamento. No tienen lugar en el cristianismo, lo cual una vez más hace que el caso de la fidelidad del evangelio sea mucho más razonable.

• Finalmente, el hecho de que la mayoría de los escritores de la Biblia fueran perseguidos y muchos fueran muertos por su insistencia en que la Biblia es verdad otorga cierta credibilidad de testimonio y compromiso a sus afirmaciones sobre la Palabra de Dios. No hay muchas personas que darían sus vidas por insistir en que es verdad lo que ellos bien saben que es una mentira. Sin duda, los tipos de charlatanes que falsificarían los textos para su propio beneficio no es probable que fuesen candidatos

para defender cosas que saben que son falsas a costo de su
propia vida.

Una vez que haya establecido en su mente y su corazón que
la fe cristiana es verdadera y que la Biblia es la Palabra de Dios,
estará preparado para pasar a establecer sus creencias acerca de
quién es Jesús:

- Jesús es el Hijo de Dios: Dios que viene a la tierra para
  vivir con nosotros.

- Jesús existía en igualdad con Dios antes de que crease la
  tierra.

- Jesús vivió una vida humana perfecta e hizo maravillosos
  milagros por amor a las personas que sufrían.

- Jesús llevó los pecados de usted sobre Él mismo cuando
  fue crucificado en la cruz y los hizo propios a fin de poder
  pagar el castigo de ellos muriendo en lugar de usted.

- Jesús quiere tener una relación personal con usted que le
  dará amor, gozo y paz.

- Jesús resucitó de la muerte a fin de poder vivir en usted
  para siempre.

Si le resulta difícil aceptar estas verdades acerca de Jesús, lea
el Nuevo Testamento y hable con un pastor creyente en la Biblia

sobre cualquier duda que pueda usted tener. Si ha de acudir a Jesús, debe verle tal como Él es y confiarle su vida.

Paso 2: ADMITIR

¿Ha hecho usted alguna vez algo mal? Desde luego que sí. Todos lo hemos hecho. Cada uno de nosotros ha sabido que ciertas cosas no eran correctas, pero de todos modos las hemos hecho. Todos hemos violado nuestra conciencia y hemos decidido hacer cosas que sabíamos que estaban mal. La Biblia llama a eso *pecado*, y nuestros pecados nos separan de Dios. La Palabra de Dios dice: «Si confesamos [admitimos] nuestros pecados, él [Dios] es fiel y justo para perdonar nuestros pecados, y limpiarnos de toda maldad» (1 Juan 1.9). ¿Está usted preparado para dar el segundo paso hacia una relación personal con Jesucristo? En este momento, dígale a Dios que está de acuerdo con Él en que usted ha pecado.

Paso 3: PEDIR

El paso final para comenzar una relación personal con Jesús es sencillamente pedírselo.

- Pida a Jesús que perdone sus pecados, entre en su vida, y viva en usted para siempre.

- Pida a Jesús que sea su Señor y Salvador.

- Pida a Jesús que comience a convertirlo en la persona que Él quiere que usted sea y use su vida para servirlo a Él.

Y déle gracias a Él por el gran amor por usted, que le hizo entregar su vida por usted.

Puede que ayude conocer a alguien que ya conozca a Jesús personalmente y que pueda orar con usted mientras usted invita a Jesús a su vida. Yo compartí estos pasos con un estudiante universitario que me preguntó qué debería hacer él al respecto. Yo le sugerí que saliese de su cuarto, encontrase un lugar tranquilo, y hablase a Jesús en voz alta pidiéndole que entrase en su vida, perdonase sus pecados, y le hiciese una nueva persona. Él se fue, y unos diez minutos después regresó con lágrimas corriendo por sus mejillas y una sonrisa iluminando su cara. Dijo: «¡Lo hice! Jesús entró en mi vida, ¡y nunca me he sentido tan limpio por dentro!». Él puede hacer eso por usted también, si usted se lo pide.

Después de comenzar su vida con Jesús, encuentre una iglesia que predique y enseñe la Biblia fielmente y que crea en una relación personal con Jesús. Ellos le ayudarán a edificar una relación estupenda con Él, una relación que garantizará que nunca más volverá usted a tener temor al futuro, ¡pase lo que pase!

Por tanto, ¿va a terminar el mundo realmente en el 2012? Jesús dijo que nadie sabe cuándo sucederá eso (Mateo 24.36). Pero si llega a suceder, ¡usted puede estar preparado para ello si le pertenece a Jesús y Él vive en usted! Usted puede encarar el futuro —y cualquier cosa que pueda traer— con inconmovible gozo, confianza y esperanza si Jesús es su Señor y el cielo es su hogar eterno. Antes de su muerte y su resurrección, Jesús se dirigió a sus discípulos y dijo:

> No se *turbe* vuestro corazón; creéis en Dios, creed también en mí. En la casa de mi Padre muchas moradas hay; si así no fuera, yo os lo hubiera dicho; voy, pues, a preparar lugar para vosotros. Y si me fuere y os preparare lugar, vendré otra vez, y os tomaré a mí mismo, para que donde yo estoy, vosotros también estéis... La *paz* os dejo, *mi paz* os doy; yo no os la doy como el mundo la da. No se *turbe* vuestro corazón, ni tenga *miedo* (Juan 14.1–3, 27 énfasis añadido).

Si ha invitado a Jesús a ser su Señor y Salvador, ¡esas promesas son para *usted*! Nunca tiene por qué estar turbado ni volver a tener miedo por *nada*. Esas son estupendas promesas ya sea que esté usted encarando el fin del mundo o el fin de *su* mundo en la muerte. Jesús está esperando a llevarle a su hogar en el cielo, ¡y nadie puede quitarle eso! Por favor, use estas predicciones catastróficas de 2012 como una oportunidad de zanjar la pregunta sobre su futuro de una vez por todas. Puede que no sepamos lo que depara el futuro, pero podemos saber quién tiene en sus manos el futuro: ¡Jesucristo! Como dijo Corrie ten Boom, una cristiana que sobrevivió a los campos de exterminio nazis y perdonó a sus torturadores: «Nunca tenga miedo de confiar un futuro desconocido a un Dios conocido».[2]

Dios le bendiga ahora que usted comienza su vida con Jesucristo y disfruta de la comunión, el aliento y el gozo de ser parte de la familia de Dios; ¡adorándolo a Él, caminando con Él, y ganando a otros para Él!

EPÍLOGO PARA LOS CRISTIANOS

ME GUSTARÍA COMPARTIR UNAS PALABRAS FINALES CON LOS LECTORES de este libro que ya son cristianos que han nacido de nuevo. En su segunda epístola, Pedro escribió:

> Pero el día del Señor vendrá como ladrón en la noche; en el cual los cielos pasarán con grande estruendo, y los elementos ardiendo serán deshechos, y la tierra y las obras que en ella hay serán quemadas. Puesto que todas estas cosas han de ser deshechas, ¡cómo no debéis vosotros andar en santa y piadosa manera de vivir, esperando y apresurándoos para la venida del día de Dios, en el cual los cielos, encendiéndose, serán deshechos, y los elementos, siendo quemados, se fundirán! (2 Pedro 3.10–12)

En otras palabras, Pedro estaba diciendo que *la mejor preparación para el holocausto es la santidad.*

A medida que se acerca el fin del mundo, ya sea en 2012, 2032 o mañana, los cristianos somos llamados por Dios a estar preparados para ello en todo momento viviendo una vida santa y piadosa. Necesitamos preguntarnos constantemente: *¿Querría yo que Jesús regresara y me encontrara en este lugar, haciendo estas cosas, pensando estos pensamientos, o hablando estas palabras?* Jesús puede cambiarnos por su poder y su gracia. Si permitimos que el Espíritu Santo obre en nuestra vida, Él puede transformarnos en las personas que Dios quiere que seamos.

Un día Él vendrá, como dicen las Escrituras, y: «Por tanto, también vosotros *estad preparados*; porque el Hijo del Hombre vendrá a la hora que no pensáis» (Mateo 24.44, énfasis añadido). La mejor manera de estar preparados para dar la bienvenida al Señor con los brazos abiertos es vivir del modo en que Él nos ha mandado vivir y evitar las cosas que a Él le desagradan. Nosotros somos su novia, la Iglesia, y algún día Él vendrá a buscarnos. ¿Estaremos preparados? Juan escribió: «Gocémonos y alegrémonos y démosle gloria [a Dios]; porque han llegado las bodas del Cordero, y su esposa *se ha preparado*» (Apocalipsis 19.7, énfasis añadido).

El doctor David Jeremiah escribió: «Debido a que sabemos que el Señor podría venir hoy o mañana, empacamos todo lo que podamos en el día que Dios nos ha dado… Cuando uno sabe que justamente al dar vuelta a la esquina todo se resolverá, puede vivir francamente para el Señor, siempre anticipando, siempre esperando su regreso momentáneo».[1] Podemos afrontar el mañana con fe, confianza y obediencia sincera cuando creemos firmemente que Jesús podría venir en cualquier momento y llevarnos para estar con Él.

Yo creo firmemente que este fenómeno de 2012 es una llamada de aviso no sólo para los no convertidos, sino también para los creyentes. Necesitamos tomar estas espantosas predicciones con respecto al posible fin del mundo como una oportunidad de examinar nuestra vida y asegurarnos de que realmente estamos caminando «en santa conducta y piedad». Él podría venir en 2012 o podría venir mañana, pero la pregunta es: ¿Está usted preparado para recibirle y ser recibido por Él?

¿Qué sucedería si todos los cristianos del mundo actuasen como si el mundo fuese a terminar en 2012?

¿Cómo practicaríamos nuestra fe?

¿Cuáles serían nuestras prioridades?

¿Cómo testificaríamos a nuestros amigos, familiares y conocidos que están perdidos?

¿Qué haríamos con nuestro tiempo y nuestros recursos?

¿Qué cambiaría en nuestra vida para llevarnos a esa «santa conducta y piedad» que Pedro dijo que es la mejor preparación para el fin del mundo?

¿Qué cosas que ahora parecen tan importantes se volverían triviales a la luz de esa fecha?

¿Y qué cosas que ahora consideramos secundarias se volverían prioritarias en nuestra vida?

¡Quizá ese desafío se convertirá en la mayor bendición que el movimiento 2012 nos ofrece como cristianos! Desde luego, la otra bendición del movimiento 2012 es la gran oportunidad que nos ofrece de hablar a nuestros vecinos, amigos y familiares con amor e interés sobre cómo escapar al temor y el miedo al fin del mundo poniendo su fe en Cristo para salvarlos y llevarlos al cielo cuando mueran.

También necesitamos preguntarnos cómo nos estamos preparando para el fin de *nuestro* mundo, es decir, nuestra muerte. ¿Afrontamos la inevitabilidad de la muerte con confianza, paz, y hasta gozo, o con temor y miedo? Recordemos las estupendas palabras de Jesús de promesa y esperanza que se encuentran en Juan 14.1-3

No se *turbe* vuestro corazón; creéis en Dios, creed también en mí. En la casa de mi Padre muchas moradas hay; si así no fuera, yo os lo hubiera dicho; voy, pues, *a preparar lugar para vosotros*. Y si me fuere y os preparare lugar, vendré otra vez, y os tomaré a mí mismo, *para que donde yo estoy, vosotros también estéis* (énfasis añadido).

¿Qué mayor esperanza que esa podríamos oír?

Para muchos de nosotros, el testimonio más claro de nuestra fe en Jesucristo que nunca podremos dar tendrá lugar en los últimos momentos de nuestra vida. Esto fue cierto para mi madre. Hasta donde yo sé, ella nunca guió a nadie a tener una relación personal con Cristo durante su vida. Ella invitaba a personas a la iglesia, cantaba en el coro, y enseñaba a los niños en la escuela dominical, pero nunca oró con nadie para recibir a Cristo. Ella se puso muy enferma, y el doctor nos dijo que era un cáncer inoperable. Cuando mi familia y yo la visitamos en el hospital durante sus últimos días, bromeamos con ella y ella también bromeaba. Nuestras risas y gozo podían oírse por toda esa planta del hospital.

Un día, la enfermera que cuidaba de mi madre me llevó aparte y me preguntó:

—¿Saben ustedes lo grave que es el estado de su madre?

—Sí —dije yo—, sabemos que si el Señor no interviene, ella morirá pronto.

Con un matiz de fiereza en sus ojos, la enfermera preguntó:

—Entonces dígame, ¿por qué todos ustedes están tan felices?

Yo intenté explicarle que si mi mamá moría la extrañaríamos, pero que estábamos totalmente seguros de que volveríamos a verla en el cielo. Hasta le dije que buscase la mansión llena de risas en el cielo, ¡y que esa sería nuestra! Ella se limitó a menear su cabeza y salió de la habitación.

Mi madre sí murió, y cuando yo pasé al púlpito para predicar el sermón en su funeral, observé que el oncólogo y la enfermera con quien yo había hablado estaban sentados juntos en la primera fila. Después del servicio les dije que me agradaba mucho verles en el funeral de mi mamá y lo mucho que agradecía que hubieran acudido cuando deben tratar con la muerte de muchos pacientes de cáncer. El doctor, que era cristiano, dijo que con frecuencia asistía a los funerales de sus pacientes como señal de un último adiós. Pero la enfermera me miró con lágrimas en sus ojos y dijo: «Muchas personas han hablado conmigo de entregar mi vida a Cristo, pero yo me resistí a todas ellas. Pero cuando vi a su madre pasar por un dolor tan terrible con gozo, y esperanza, y confianza de su hogar en el cielo, ya no pude resistirme. ¡Entregué mi vida a Cristo!».

Ese es el modo en que un cristiano ha de encarar la muerte, y Dios puede usar ese tipo de fe, esperanza y gozo para llevar a muchas personas a una relación salvadora con Cristo. Jesús puede prepararnos para confiar en Él en ese momento y entregar nuestra vida con la esperanza fundamental de vida eterna con Él en el cielo. Solamente pídale que Él le dé esa seguridad, confianza y esperanza, ¡y Él lo hará!

¡Él viene! Y queremos ser hallados haciendo su voluntad para que con gozo, y confianza, y completa seguridad de esperanza podamos hacernos eco de las palabras del gran apóstol Juan: «Amén. Ven, Señor Jesús» (Apocalipsis 22.20).

Señor, ayúdanos a ser hallados haciendo tu voluntad cuando Tú vengas, en cada área de nuestras vidas, y danos tu poder y tu gracia para afrontar la muerte con alabanza en nuestros labios, gozo en nuestras caras, y victoria en nuestros corazones.

En el precioso nombre de Jesús. Amén.

GUÍA DE ESTUDIO PARA GRUPOS O INDIVIDUOS

Introducción:

1. ¿Cuál es nuestra «adicción a la predicción» y hasta qué grado comparte usted ese interés?

2. ¿Qué método usa Michael Drosnin en su libro *Bible Code* y qué predice él para 2012 sobre esa base?

3. ¿Cuál es el concepto que tiene José Argüelles de «convergencia armónica» y cómo informa a su perspectiva de 2012?

4. ¿Cuán similar o diferente es su reacción a los informes sobre 2012 de la reacción del joven que escribió en la página web sobre 2012?

5. ¿Cuál es el propósito del fraudulento «Instituto para la Continuidad de la Humanidad» de Sony, su propósito expresado y su propósito real?

6. Si ha visto la película *2012*, ¿cómo se sintió cuando terminó la película? (Si no la ha visto, ¿cuál es su respuesta al resumen de la película dado aquí?)

7. ¿Cuáles son los diez argumentos básicos de 2012 que son cubiertos en este libro?

8. ¿Cuál puede bien ser el resultado más constructivo del fenómeno 2012?

Capítulo Uno: El factor maya

1. ¿Cuál era la extensión del Imperio Maya durante su periodo clásico?

2. ¿Por qué utilizaban los mayas sacrificios de sangre en sus rituales?

3. ¿Cómo hicieron esos rituales que los mayas se convirtieran en expertos astrónomos?

4. ¿En qué fecha comenzaba y terminaba el calendario maya?

5. ¿Qué expertos en cultura maya identifican 2012 como el fin del mundo y cuáles le consideran una transición a una nueva era para el planeta? ¿Por qué?

6. Aun si pudiera establecerse que los mayas consideraron 2012 el fin del mundo, ¿qué más tendría que demostrarse sobre ellos para aceptar esa fecha como válida?

7. ¿Cuál es su impresión general de la importancia del fin del calendario maya el 21 de diciembre de 2012?

Capítulo Dos: Tormentas solares

1. ¿Cuál es la relevancia de la tormenta solar de 1859 para el debate sobre 2012?

2. ¿Qué están prediciendo científicos de la NASA y el NCAR sobre tormentas solares en el futuro?

3. ¿Qué son las erupciones masivas y cómo podrían afectar a la tierra?

4. Según Ken Tegnell del NOAA, ¿qué podría hacer una tormenta solar al mundo?

5. ¿Cuál es su impresión general de la contribución de las predicciones de tormentas solares para las posibilidades de 2012?

Capítulo Tres: El CERN y el Gran Colisionador de Hadrones

1. ¿Qué es el CERN y cuál es su mandato?

2. ¿Para qué se construyó el Gran Colisionador de Hadrones? ¿Cómo funciona?

3. ¿Qué esperan simular los científicos del CERN y por qué es importante?

4. ¿Cuáles son algunos de los potenciales riesgos de la utilización del Gran Colisionador de Hadrones?

5. ¿Qué sucedió en 2008 que hizo que muchas personas temieran las medidas de seguridad del colisionador?

6. ¿Qué han hecho los científicos en el CERN como respuesta a esas preocupaciones y cuál fue su resultado?

7. ¿Qué han dicho destacados científicos acerca de los peligros en el CERN?

8. ¿Cuál es su impresión general de los riesgos implicados en encender el Gran Colisionador de Hadrones?

Capítulo Cuatro: Las predicciones de Nostradamus

1. ¿Quién fue Nostradamus y cuándo vivió?
2. ¿Cuál fue la obra más famosa de Nostradamus y cuándo se publicó?
3. Describa cinco de las predicciones más celebradas de Nostradamus.
4. ¿Qué es el *Libro Perdido de Nostradamus* y qué contiene?
5. Nombre los siete dibujos que expertos en Nostradamus creen que predicen los acontecimientos que conducen al fin del mundo.
6. ¿Está de acuerdo con las interpretaciones de los dibujos dadas por Bridges y Baines?
7. ¿Cuál es su impresión general del peso que tienen esas predicciones para un futuro acontecimiento catastrófico en 2012?

Capítulo Cinco: La inversión de los polos magnéticos

1. Defina «inversión geomagnética».
2. ¿Qué es la «anomalía del Atlántico sur»?
3. ¿Qué acontecimientos prevé John Rennie de *Scientific American* si se produce una inversión de los polos magnéticos?
4. ¿Cuál es la relación entre la inversión del polo magnético y las tormentas solares predichas por científicos de la NASA para 2012?

5. ¿Cuál es su evaluación general de la probabilidad de que esta inversión sea destructiva y se produzca en 2012?

Capítulo Seis: Colisión con el planeta X

1. ¿Quién comenzó las predicciones sobre el planeta X y cuál fue la fuente de su información?

2. ¿Qué predicen supuestamente los zetas que la cercana colisión con el planeta X le hará a la tierra?

3. ¿Qué alega Lieder que está haciendo el gobierno para desviar la atención de sus revelaciones sobre el planeta X? ¿Por qué harían ellos eso?

4. ¿Cuál es el otro nombre para el planeta X?

5. ¿Cuál es la perspectiva del doctor David Morrison (científico principal del NAI) del planeta X?

6. ¿Cómo juzgaría usted la probabilidad de que tenga lugar esta colisión?

Capítulo Siete: La alineación de la tierra con el plano galáctico

1. ¿Quién ha sido el principal defensor de la teoría del alineamiento galáctico?

2. ¿Qué son el «centro galáctico» y el «ecuador galáctico»?

3. ¿Cree Jenkins que el sistema solar pasará por el centro de la Vía Láctea?

4. ¿Qué cree Jenkins que sucederá en 2012 como resultado del alineamiento galáctico?

5. Por otro lado, ¿qué cree Jiro Olcott que sucederá en 2012 como resultado del alineamiento galáctico?

6. ¿Cuál es la perspectiva del doctor David Morrison sobre el alineamiento galáctico y las predicciones de intersección galáctica?

7. Según Morrison, ¿cuán alejado está el sistema solar del centro de la galaxia?

8. ¿Cuál es su impresión general de la seriedad de este argumento?

Capítulo Ocho: Erupción del supervolcán

1. ¿Dónde se encuentra el volcán más grande del mundo?

2. ¿Qué han observado geólogos de Yellowstone acerca de la olla a presión en Yellowstone y qué podría significar eso?

3. ¿Qué es un «tropel de terremotos» y cómo se relaciona con Yellowstone?

4. ¿Qué informaron Stephen Self y sus colegas al Grupo de Trabajo sobre Riesgos Naturales acerca de los resultados de erupciones de supervolcanes?

5. ¿Cuál es la predicción de Stephen Sparks sobre supererupciones?

6. ¿Qué podría causar la erupción de supervolcanes subterráneos?

7. ¿Qué efecto tendría en Estados Unidos una erupción volcánica en Yellowstone?

8. ¿Qué han amenazado hacer terroristas de Al-Qaeda y cuál sería el resultado?

9. ¿Cuál es su evaluación general de la amenaza de la erupción de un supervolcán?

Capítulo Nueve: El Proyecto Web Bot

1. ¿Qué es el Proyecto Web Bot y cómo funciona?
2. ¿Qué acontecimientos ha predicho con exactitud el Proyecto Web Bot, según Clif High?
3. ¿Qué ha predicho el Proyecto Web Bot para 2012?
4. ¿Cuáles son las dos críticas al proyecto por parte de sus detractores?
5. ¿Cuál es su impresión de la exactitud de las predicciones para 2012 del Proyecto Web Bot?

Capítulo Diez: Predicciones religiosas del fin del mundo

1. ¿Cuál es el método de Timewave Zero para interpretar el *I Ching*?
2. Según el método de los McKenna, ¿qué sucederá el 21 de diciembre de 2012?
3. ¿Por qué utilizaron los McKenna drogas psicodélicas naturales?
4. ¿Cómo afecta ese consumo de drogas a la credibilidad de sus conclusiones? ¿Por qué?
5. ¿Predijo Mahoma una fecha definida para el fin del mundo?
6. ¿Cómo describió Mahoma el fin del mundo?
7. ¿Qué creen algunos modernos terroristas islámicos que debe preceder al fin del mundo y la venida del mesías musulmán (el Mahdi)?
8. ¿Cómo predice el fin del mundo la religión hindú?
9. ¿Qué es «la noche de Brahman» en la teología hindú?

10. ¿Predicen los hindúes un fin del mundo?

11. ¿Cómo describen los ancianos de la nación hopi el «gran Día de Purificación»?

12. ¿Cómo creen los hopi que puede evitarse el fin del mundo?

13. ¿Qué predijo un líder espiritual hopi sobre el año 2007?

14. ¿Cuáles son los cuatro elementos básicos del mensaje de la virgen María a Gianna Sullivan?

15. ¿Qué comparte este mensaje con otras predicciones sobre 2012?

16. ¿Cómo reaccionó la Archidiócesis de Baltimore a ese mensaje?

17. ¿Qué término usaban los profetas hebreos para nombrar el fin del mundo?

18. Nombre cinco elementos clave de las descripciones que hacen los profetas del fin del mundo.

19. Nombre siete descripciones del fin del mundo en el Nuevo Testamento.

20. ¿Qué les dijo Jesús a sus discípulos sobre establecer una fecha para su Segunda Venida en el fin del mundo?

21. ¿Qué utilizó Jack Van Impe para establecer su fecha del 21 de diciembre de 2012 para el fin del mundo, y cómo intentan Van Impe y Harold Camping rodear las enseñanzas de Jesús de que nadie sabe cuándo llegará el fin?

22. ¿Qué capítulo en el Nuevo Testamento revela más sobre el Día del Señor?

23. ¿Cómo han añadido esas predicciones religiosas a las teorías catastrofistas de 2012?

Capítulo Once: Evaluaciones finales

1. ¿Cómo le afectó personalmente la hipotética descripción del 21 de diciembre de 2012?

2. Evalúe cada uno de los diez argumentos para una catástrofe en 2012 midiendo si es o no muy convincente, de algún modo convincente, no muy convincente, o nada convincente.

3. En resumen, ¿cuán convencido está usted de que el mundo terminará en 2012?

Capítulo Doce: Preparación para el fin del mundo

1. ¿Qué piensa sobre la eficacia de construir búnkeres subterráneos para sobrevivir al posible cataclismo de 2012?

2. Describa el modo en que millones de cristianos han afrontado su propio «fin del mundo» personal en la muerte.

3. ¿Cuál es el mejor antídoto para el temor y el miedo que las predicciones sobre 2012 pueden causar?

4. ¿Qué significa cada uno de los tres pasos —creer, admitir, pedir— hacia una relación personal con Jesucristo?

5. ¿Qué prometió Jesús a sus seguidores en Juan 14?

6. ¿Tiene usted una relación personal con Jesucristo? ¿Ha perdonado Él sus pecados y le ha aceptado como su hijo o hija, dándole vida eterna? Si no es así, ¿le gustaría hacer eso en este momento?

Epílogo para los cristianos

1. ¿Cuál dice Pedro que es la mejor preparación para el fin del mundo? ¿Podemos hacer eso en nuestras propias fuerzas?

2. ¿Qué necesitamos preguntarnos a nosotros mismos constantemente a la luz del regreso de Jesús?

3. ¿Cuál es la mejor manera de estar preparados para recibir al Señor con gozo cuando Él regrese?

4. ¿Qué cambiaría en su vida si usted creyese realmente que el mundo iba a terminar el 21 de diciembre de 2012?

5. ¿Qué tipo de testimonio final podría usted dar si la hora de su muerte llegase hoy?

6. En la oración del final de este libro, ¿qué cosas le pedimos al Señor que nos dé: gracia para encarar la muerte con _____, _____, y _____?

7. ¿De qué manera ha tocado su vida el estudio de este libro?

NOTAS

Introducción

1. Ver página web: Breaking through to God: "Prediction Addiction".
2. Ver el artículo del *Boston Globe* en http://www.boston.com/bostonglo-be/editorial_opinion/oped/articles/2009/07/20/the_end_is_near/
3. J. Barton Payne, *Encyclopedia of Biblical Prophecy*, v.
4. John L. Petersen, *A Vision for 2012: Planning for Extraordinary Change*, pp. 15–28.
5. Lawrence E. Joseph, *Apocalypse 2012: A Scientific Investigation into Civilization's End*, p. 176.
6. Michael Drosnin, *The Bible Code*, p. 1.
7. Jim Willis y Barbara Willis, *Armageddon Now: The End of the World from A to Z*, p. 64.
8. Willis, p. 67 (ver el segundo libro de Drosnin, *Bible Code II*).
9. Drosnin, *The Bible Code*, p. 230.
10. Mark Hitchcock, *2012, the Bible and the End of the World*, p. 85; y Synthia Andrews y Colin Andrews, *The Complete Idiot's Guide to 2012*, p. 172.

11. Hitchcock, p. 88.
12. Para una explicación completa de la teoría de la convergencia armónica de Argüelles ver http://www.earthportals.com/Portal_Messenger/9hcproc.html.
13. Mark Hitchcock, 2012, *the Bible and the End of the World*, p. 17; y Synthia Andrews y Colin Andrews, *The Complete Idiot's Guide to 2012*, p. 153.
14. Hitchcock, p. 24.
15. "Thousands Expect Apocalypse in 2012", http://news.aol.com/story/_a/thousands-expect-apocalypse-in-2012/20080706152409990.
16. Joseph, p. 208.
17. Ver el texto completo en http://www.abovetopsecret.com/forum/thread427727/pg1.
18. Para más información, visitar su página Web en www.instituteforhuman-continuity.org.
19. Hitchcock, p. 59.
20. Ver http://www.delusionresistance.org/christian/larry/larry09.html for the entire song.
21. Lloyd Hildebrand, *2012: Is This the End?*, p. xi.

Capítulo Uno: El factor maya

1. Michael D. Coe, *The Maya: Ancient Peoples and Places* (7a edición), p. 46.
2. Synthia Andrews y Colin Andrews, *The Complete Idiot's Guide to 2012*, p. 10.
3. Gerald Benedict, *The Mayan Prophecies for 2012*, p. 12.
4. Ibid., p. 11.
5. Benedict, p. 96.
6. Allen J. Christenson, *Popul Vuh: Literal Translation*, líneas 2442–2503.
7. Mark Hitchcock, 2012, *the Bible and the End of the World*, p. 32.
8. Ibid., p. 31.
9. Ibid.
10. Linda Schele y David Freidel, *A Forest of Kings: The Untold Story of the Ancient Maya*, pp. 79–82

11. Hitchcock, p. 29.
12. Ver su obra clásica, *The Maya: Ancient Peoples and Places*.
13. Synthia Andrews y Colin Andrews, *The Complete Idiot's Guide to 2012*, pp. 43–44.
14. John Manjor Jenkins, *Maya Cosmogenesis 2012*, p. 317.
15. Hitchcock, p. 41.
16. Stephanie South, 2012: *Biography of a Time Traveler*.
17. Encontrado en el artículo "Messenger of the Law of Time" en: http://www.13moon.com/Votan-bio.htm, y corroborado en Synthia Andrews y Colin Andrews, *The Complete Idiot's Guide to 2012*, p. 167.
18. Linda Schele y David Freidel, *A Forest of Kings*, p. 82
19. Mark Van Stone, en la página Web de Foundation for the Advancement of Mesoamerican Studies, "It's Not the End of the World". (http://www.famsi.org/research/vanstone/2012/faq.html#13).
20. Ver el instructivo artículo de Mark Van Stone sobre los mayas en la página Web de FAMSI, bajo el título: "2012 FAQ".
21. Benedict, p. 22.
22. Grube afirmó esto en un documental del canal National Geographic Channel "2012: Countdown to Armageddon".
23. Hoagland hizo estas predicciones en el documental del canal SyFy Channel: "2012: Startling New Secrets".
24. Jenkins, p. 315.
25. Canal SyFy: "2012: Startling New Secrets".
26. Para leer el texto completo de O'Neill, ir a www.universetoday.com/2008/05/19/no-doomsday-in-2012/.
27. John Major Jenkins, *The 2012 Story*, pp. 369–370.
28. Benedict, p. 135.
29. Afirmado por Huchm en el documental del canal National Geographic: "Countdown to Armageddon".
30. Synthia Andrews y Colin Andrews, *The Complete Idiot's Guide to 2012*, p. 35.
31. John Major Jenkins, *The 2012 Story*, p. 369.

Capítulo Dos: Las tormentas solares

1. Joseph, p. 101.
2. Ver de LaViolette *Earth Under Fire*, p. 384.
3. Amos Nur, *Apocalypse: Earthquakes, Archaeology, and the Wrath of God*, p. 142.
4. Afirmado en el documental del canal SyFy: "2012: Startling New Secrets".

Capítulo Tres: El CERN y el Gran Colisionador de Hadrones

1. Cita tomada de la página Web de Wagner: http://www.lhcdefense.org/.
2. Citado de *The New Yorker* en: www.newyorker.com/reporting/2007/05/14/070514fa_fact_kolbert?currentPage=1
3. *Official Minutes of the CERN Research Board*, 6 febrero 2003.
4. Página Web del CERN: "Two circulating beams bring first collisions in the LHC" – 23 noviembre 2009.

Capítulo Cuatro: Las predicciones de Nostradamus

1. Mark Hitchcock, 2012, *the Bible and the End of the World*, p. 67.
2. Documental del canal Discovery Channel "Nostradamus Decoded".
3. Richard Smoley, *The Essential Nostradamus*, p. 13.
4. Ibid., p. 23.
5. Jim Willis y Barbara Willis, *Armageddon Now: The End of the World from A to Z*, p. 299.
6. Documental del canal Discovery Channel "Nostradamus Decoded".
7. Lloyd Hildebrand, *2012: Is It the End?*, p. 105.
8. Ver Dan Corner, *The Facts about Nostradamus and His Prophecies*, en http://evangelicaloutreach.org/nostradamus/htm.
9. Hitchcock, p. 77 (ver también estos pasajes: Deuteronomio 18.20–22, Isaías 47.10–14, Jeremías 27.9–10 y Apocalipsis 21.8).
10. Smoley, p. 63.
11. Ibid., p. 33.
12. Michael Rathford, *The Nostradamus Code: World War III*, p. 3.

13. Algunos creen que Catherine de Medici recibió una copia de la profecía de Nostradamus sobre la muerte de su esposo antes de que ocurriera. Después de la muerte del rey Enrique II, ella llamó a Nostradamus para que la viese en la corte y le recompensó por sus capacidades.

14. Smoley, p. 91.

15. El Partido Nazi usó esta interpretación de los cuartetos de Nostradamus para exaltar a Hitler.

16. Richard Smoley citó dos ejemplos de la interpretación de este cuarteto significando un ataque a la ciudad de Nueva York con un gran daño causado por llamas, antes de 2001 (uno en 1973 y el otro en 1997) p. 177.

17. Documental del canal Discovery Channel: "Nostradamus Decoded".

18. Smoley, p. 187.

19. Documental del canal Discovery Channel: "Nostradamus Decoded".

20. Ibid.

21. Smoley, p. 35.

22. Synthia Andrews y Colin Andrews, *The Complete Idiot's Guide to 2012*, p. 171.

23. Documental del canal Discovery Channel: "Nostradamus Decoded".

24. Smoley, pp. 49–50.

25. Es significativo notar que el doctor Osvaldo Avallone, Director de la Biblioteca Nacional, ha hecho que se realizaran pruebas científicas a los dibujos y han sido datados en el siglo XIX.

Capítulo Cinco: La inversión de los polos magnéticos

1. Nils Olsen y Miorana Mandea, "Rapidly Changing Flows in the Earth's Core" en *Journal of Nature Geoscience* en *www.nature.com/ngeo* de 18 mayo 2008.

2. Jim Willis y Barbara Willis, *Armageddon Now: The End of the World from A to Z*, p. 324.

3. Ibid.

4. Synthia Andrews y Colin Andrews, *The Complete Idiot's Guide to 2012*, p. 125.

5. Joseph, *Apocalypse 2012*, p. 51.

6. Ibid., p. 55.
7. Ibid., pp. 56–57.
8. Lloyd Hildebrand, *2012: Is It the End?*, pp. 139–140.
9. Ver de Paul LaViolette *Earth Under Fire*, p. 384.
10. Discovery Channel, "2012 Apocalypse".

Capítulo Seis: Colisión con el planeta X

1. "Pole Shift date of May 27, 2003" en su página Web: ZetaTalk.com.
2. *The ZetaTalk Newsletter*, Número 35, domingo, 30 mayo 2009 en: www. Zetatalk.com.
3. Ver una exhaustiva discusión de la supuesta colisión del planeta Nibiru con la tierra en: http://www.surviving-nibiru.com/.
4. Govert Schilling, *The Hunt for Planet X: New Worlds and the Fate of Pluto*, p. 112.
5. Ibid., p. 108.
6. Ibid.
7. Ibid., p. 111.
8. Ibid., p. 115.
9. Ibid., p. 117.
10. Joseph, p. 160.
11. Ibid.
12. Ibid.
13. Schilling, p. 117.

Capítulo Siete: La alineación de la tierra con el plano galáctico

1. John Major Jenkins, *The 2012 Story*, pp. 138–158.
2. Synthia Andrews y Colin Andrews, *The Complete Idiot's Guide to 2012*, p. 83.
3. John Major Jenkins, *Maya Cosmogenesis 2012*, p. 112.
4. Andrews, p. 97.
5. Gerald Benedict, *The Mayan prophecies for 2012*, pp. 70–71.
6. Hitchcock, p. 36.

7. John Major Jenkins, *The 2012 Story*, pp. 138–158.
8. Ver su página Web: www.jiroolcott.com.
9. Joseph, p. 124.
10. Ibid., p. 131.
11. Ibid., p. 135.
12. Página Web de Jiro Olcott: www.jiroolcott.com –"St. Michael and St. Mary Alignment".

Capítulo Ocho: Erupción del supervolcán

1. Greg Breining, *Super Volcano: The Ticking Time Bomb Beneath Yellowstone National Park*, p. 53.
2. Ibid., p. 17.
3. Joseph, p. 60.
4. Breining, p. 13.
5. Amos Nur, *Apocalypse: Earthquakes, Archaeology, and the Wrath of God*, p. 39.
6. Ver *Volcanoes.USGS.gov* "Yellowstone Lake Earthquake Swarm Summary as of 6 January 2009".
7. Citado en *LiveScience.com* "Super Volcano Will Challenge Civilization, Geologist Warns", 8 marzo 2005.
8. Breining, p. 229.
9. Citado en *LiveScience.com* "Super Volcano Will Challenge Civilization, Geologist Warns", 8 marzo 2005.
10. Ver el artículo de Stephen Sparks: "Super-Eruptions Pose Global Threat 5–10 Times More Likely Than Asteroid Impact", en www.innovations-report.com.
11. Discovery Channel, "2012 Apocalypse".
12. Breining, p. 21.
13. Joseph, p. 61.
14. Breining, pp. 17–19.
15. Ibid., p. 236.
16. Ibid., p. 235.
17. Synthia Andrews y Colin Andrews, The Complete Idiot's Guide to 2012, p. 128.

18. Breining, p. 21.
19. Ibid.
20. Ibid., p. 18.

Capítulo Nueve: El proyecto Web Bot

1. Synthia Andrews y Colin Andrews, *The Complete Idiot's Guide to 2012*, p. 161.
2. *The Daily Telegraph*, presentado por Tom Chivers, 24 septiembre 2009.
3. Lloyd Hildebrand, *2012: Is It the End?*, pp. 223–224.
4. Ben Tremblay, "Web Bot—What Is It?" en www.dailycommonsense.com.
5. Hitchcock, p. 98.

Capítulo Diez: Predicciones religiosas del fin del mundo

1. Terence McKenna, "Approaching Timewave Zero", en www.drugnerd.com.
2. Hildebrand, *2012: Is It the End?*, p. 52.
3. McKenna, "Approaching Timewave Zero", en www.drugnerd.com.
4. Ibid.
5. Ibid.
6. Ibid.
7. Terence McKenna, *True Hallucinations: being an Account of the Author's Extraordinary Experiences in the Devil's Paradise*, pp. 1–2.
8. Citado del libro de Terence McKenna *True Hallucinations* en una reseña de un libro por Jordan S. Gruber en Enlightenment.com.
9. McKenna, *True Hallucinations*, citado por Jordan S. Gruber, en Enlightenment.com.
10. McKenna, "Approaching the Timewave Zero".
11. Ibid.
12. Jim Willis y Barbara Willis, *Armageddon Now: The End of the World from A to Z*, p. 93.
13. Terence McKenna, *True Hallucinations: being an Account of the Author's Extraordinary Experiences in the Devil's Paradise*, p. 1.
14. McKenna, "Approaching the Timewave Zero".
15. Ibid.

16. Ibid.

17. Lawrence E. Joseph, *Apocalypse 2012.*

18. Lloyd Hildebrand, *2012: Is It the End?*, p. 57.

19. Abu-Shabanah, Abdel Khalek Himmat (traductor), *Al Montakhab: Interpretation of the Holy Quran – Arabic/English.*

20. Hildebrand, p. 213.

21. Michael Baigent, *Racing Toward Armageddon: The Three Great Religions and the Plot to End the World*, p. 186.

22. Baigent, pp. 193–205.

23. Hildebrand, p. 213.

24. Ibid., p. 205.

25. Ibid., p. 165.

26. Ibid., pp. 169–170.

27. Willis, p. 229.

28. Ibid., p. 231.

29. Lloyd Hildebrand, *2012: Is It the End?*, p. 72.

30. Ibid., p. 72.

31. "Hopi Prophecy Fulfilled" en Wolflodge.org.

32. Willis, p. 244.

33. Hildebrand, p. 79.

34. David Jeremiah, *Until Christ Returns*, p. 3.

35. Harold Camping, "We Are Almost There" on FamilyRadio.com.

36. Ibid.

37. Jeremiah, pp. 70–73.

38. Ibid., pp. 84–85.

Capítulo Doce: Preparación para el fin del mundo

1. Ver *ExtremeSurvival.net.*

2. Hildebrand, p. 249.

Epílogo

1. Jeremiah, pp. 77–78.

PRINCIPALES OBRAS CITADAS

Andrews, Synthia y Colin Andrews. *The Complete Idiot's Guide to 2012*. New York: Penguin, 2008.

Argüelles, José. *The Mayan Factor: Path Beyond Technology*. Rochester, VT: Bear and Company, 1996.

Baigent, Michael. *Racing Toward Armageddon: The Three Great Religions and the Plot to End the World*. New York: HarperCollins, 2009.

Benedict, Gerald. *The Mayan Prophecies for 2012*. London: Watkins Publishing, 2009.

Breining, Greg. *Super Volcano: The Ticking Time Bomb Beneath Yellowstone National Park*. St. Paul, MN: Voyageur Press, 2007.

Browne, Sylvia. *End of Days: Predictions and Prophecies About the End of the World*. New York: Penguin, 2008.

Christenson, Allen J. *Popul Vuh: The Sacred Book of the Maya*. New York: O Books, 2003.

Coe, Michael D. *The Maya*. Great Britain: Thames and Hudson, 1966.

Drosnin, Michael. *Bible Code II: The Countdown*. New York: Viking/ Penguin, 2002.

Drosnin, Michael. *The Bible Code*. New York: Touchstone and Simon & Schuster, 1997.

Geryl, Patrick y Gino Ratinckx. *The Orion Prophecy: Will the World Be Destroyed in 2012?* Kempton, IL: Adventures Unlimited Press, 2001.

Hildebrand, Lloyd B. *2012: Is This the End?* Alachua, FL: Bridge Logos, 2009.

Himmat, Abu-Shabanah, Abdel Khalek (traductor). *Al Montakhab: The Interpretation of the Holy Quran—Arabic/English*. Cairo: Supreme Council for Islamic Affairs, 1993.

Hitchcock, Mark. *2012, the Bible and the End of the World*. Eugene, OR: Harvest House, 2009.

Jenkins, John Major. *Maya Cosmogenesis 2012: The True Meaning of the Maya Calendar End-Date*. Rochester, VT: Bear and Company, 1998.

Jenkins, John Major. *The 2012 Story: The Myths, Fallacies, and Truth Behind the Most Intriguing Date in History*. New York: Penguin, 2009.

Jeremiah, David. *Until Christ Returns: Living Faithfully Today While We Wait for Our Glorious Tomorrow*. Nashville: Thomas Nelson, 1999.

Joseph, Lawrence E. *Apocalypse 2012: A Scientific Investigation into Civilization's End*. New York: Morgan Road Books, 2007.

LaViolette, Paul A. *Earth Under Fire: Humanity's Survival of the Ice Age*. Rochester, Vermont: Bear and Company, 2005.

McKenna, Terence. *True Hallucinations: Being an Account of the Author's Extraordinary Experiences in the Devil's Paradise*. New York: HarperCollins, 1994.

McKenna, Terence y Dennis McKenna. *The Invisible Landscape: Mind, Hallucinogens, and the I Ching.* San Francisco: HarperSanFrancisco, 1993.

Nur, Amos. *Apocalypse: Earthquakes, Archaeology, and the Wrath of God.* Princeton/Oxford: Princeton University Press, 2008.

Payne, J. Barton. *Encyclopedia of Biblical Prophecy: The Complete Guide to Scriptural Predictions and Their Fulfillment.* New York: Harper and Row, 1973.

Petersen, John L. *A Vision for 2012: Planning for Extraordinary Change.* Golden, CO: Fulcrum, 2008.

Rathford, Michael. *The Nostradamus Code: World War III.* Kearney, NE: Morris Publishing, 2008.

Schele, Linda and David Freidel. *A Forest of Kings: The Untold Story of the Ancient Maya.* New York: William Morrow and Company, 1990.

Schillling, Govert. *The Hunt for Planet X: New Worlds and the Fate of Pluto.* New York: Copernicus Books, 2009.

Smith, Stephanie y Daniel Pinchbeck. *2012: Biography of a Time Traveler: The Journey of José Argüelles.* Franklin Lanes, NJ: Career Press, 2009.

Smoley, Richard. *The Essential Nostradamus.* New York: Penguin, 2006.

Willis, Jim y Barbara Willis. *Armageddon Now: The End of the World A to Z.* Detroit: Visible Ink Press, 2006.

Witztum, Doron, Eliyahu Rips y Yoav Rosenberg. «Equidistant Letter Sequences in the Book of Genesis». *Statistical Science*, vol. 9, no. 3 (1994): pp. 429–438.

RECONOCIMIENTOS

TAMBIÉN ME GUSTARÍA EXPRESAR MI GRATITUD A FRED EVANS HIJO. Y Rick Shear, de Thomas Nelson Publishing, quienes fueron los primeros que me sugirieron este proyecto y me han dado su continuo apoyo y ayuda a medida que progresaba su escritura.

ACERCA DEL AUTOR

EL DOCTOR RAYMOND C. HUNDLEY HA TRABAJADO CON JÓVENES, HA sido pastor, misionero, profesor de seminario, alumno en Cambridge, profesor universitario, y conferencista internacional. Recibió su maestría en Religión en Hermenéutica del seminario Asbury Theological Seminary, una maestría en Teología de la Universidad de Cambridge, y un doctorado en Teología Sistemática de la Trinity Evangelical Divinity School.